おいしいものが好きだからこそ、がんばらない。

日常生活には、やらなくてはいけないことがたくさんあります。
1つ1つはたいした手間でなくても、
小さなタスクが積み重なると、暮らしの余裕はどんどん失われていきます。

どうしてこんなに時間がないんだろう
やってもやっても何もかもが終わらない……

私もこんな気持ちになってしまうことがあります。

それは料理も同じです。
例えば「さっとゆがく」「パン粉をまぶす」などは、1つ1つは大した手間ではないかもしれません。
でも、家事という終わりのない連続の中では、大きな負担になります。
だからこの本は、「おいしく作りたいから、ちょっとがんばろう」という考えをやめることにしました。
「おいしく作りたいけど、手間も絶対に省く」ことだけを、ずっと考え続けました。

その結果、私自身も思わぬ発見がありました。

少ない材料でも満足感は変わらないこと。
特別な調味料を使わなくてもコクが出る使い方があること。
短時間煮るだけでやわらかくなるコツがあること。

おいしいものが大好きな私だからこそ、
おいしさと気楽さを妥協せずに。
ぜひ、ラクしながら、おいしく食べる幸せを体験していただきたいと思います。

倉橋利江

もっとラクに！ もっとおいしく！
突きつめた175の集大成レシピ

肉感たっぷり♡ハンバーグ

片栗粉と塩だけ 混ぜればいい！

つなぎのパン粉や卵、牛乳はナシで大丈夫。ひき肉に片栗粉と塩を混ぜ込むだけ。**玉ねぎを炒めたり冷ましたりする手間もありません。**玉ねぎをできるだけ細かなみじん切りにすることが、唯一のポイントです。これだけで究極にジューシーなハンバーグに。

牛こまのチンジャオロースー

シンプル素材で 牛肉のうまみが引き立つ

たけのこは入れない、ピーマンも細切りにしません。牛肉のうまみを味わうには、このくらいのシンプルさがちょうどいい。**肉にごま油や片栗粉をもみ込んで下味をつけると、**お値打ちのこま切れ肉が高級和牛のようなやわらかさに！

電子レンジも使い倒して

ぶりのレンジ煮つけ

レンチン史上、最高の味かも

本当にレンジで作ったの？ ってよく言われます。みそと片栗粉をたれに混ぜて、ぶりに味をからませるだけ。**レンジで3分、裏返して1分加熱したらそのまま1分放置。**これだけでふっくらふわふわ！

塩さばとミニトマトのレンジアクアパッツァ風

煮汁も飲み干したい！

骨抜き済みの便利な塩さばとミニトマトをレンチンするだけなので超かんたん。煮汁はうまみたっぷり、栄養もたっぷり。飽きない味でテーブル映えもします！ 登場回数がきっと増えます。

「今日作りたい」「これなら作れる」が必ず見つかる！

その日その日で、料理を作る状況は変わります。
どんな日でも「作れる！」「作りたい！」と思えるレシピがひと目で探せるよう、
みんなの要望をそのままアイコンにしました。
例えば「鶏もも肉」だけで11点の万能レシピから選べます。

今日のごはんがすぐ決まる

ごはん泥棒チキン

フライパン1つ　作っておける　15分以内

世界一ごはんが進む！

ポン酢しょうゆとオイスターソースの極うまだれに漬けるだけ！

鶏肉と長ねぎの照り焼き

フライパン1つ　お弁当向き　15分以内

わが家のスタメン！

皮目を押さえつけながら焼くとカリカリ＆ふっくらが実現！

パリパリ♪チキンソテー明太マヨソース

フライパン1つ　15分以内

15分で洋食屋さんの味

切り目を入れて焼けば、中まで火が通ってパリパリ！

鶏肉の濃厚トマト煮

フライパン1つ　作っておける

うまみと甘みがすごい！

砂糖と牛乳を加えれば、トマトの酸味がやわらいでコク甘に

鶏の塩から揚げ

フライパン1つ　材料1つ　お弁当向き

揚げる油にごま油をちょい足し！

揚げ油に大さじ1のごま油を入れるだけで風味アップ！

鶏肉ときのこのフリカッセ

フライパン1つ

うまさの土台はきのこです

きのこに塩をふって汗をかかせるまで焼くとうまみが爆上がり

冷凍したい

家族の食べる時間がバラバラ

炊飯器だけで

お鍋1つで

フライパン1つで

15分以内で！

レンチンで

材料は少なめに！

お弁当にも使いたい

ねぎたっぷり油淋鶏

フライパン1つ

揚げ物とねぎの相性よすぎ！

もみ込む&まぶす「片栗粉のダブル使い」でふっくら&サクサク

鶏肉となすの甘酢炒め

フライパン1つ　お弁当向き　15分以内

とろとろなすが主役級！

鶏肉の脂をなすがしっかり受け止める黄金コンビ

ヤムニョムチキン

フライパン1つ　材料1つ　お弁当向き　15分以内

揚げずにワンパンで完了！

ごはんにもビールにもお弁当にも合う、万能な逸品

塩麹鶏じゃが

レンチン　お弁当向き　15分以内

レンチンにお任せ！

「塩麹×肉じゃが」の相性のよさに驚くはず

鶏肉のほったらかし煮

フライパン1つ　材料1つ　作っておける

にんにくバターが効いてる！

その名のとおり、ほったらかしておけばOKです

おいしさを保証！おすすめの5つの万能食材

長ねぎ、玉ねぎ、青じそ、しょうが、にんにく。この5つはおいしさの土台に欠かせない万能食材。レシピによく登場するので常備しておくと便利です。

CONTENTS

PART 1

肉のおかず

鶏もも肉

鶏むね肉

鶏ささみ

鶏骨付き肉

豚こま切れ肉・豚切り落とし肉

豚薄切り肉

豚とんカツ用肉

豚かたまり肉・豚骨付き肉

牛こま切れ肉・牛切り落とし肉

牛焼き肉用肉・牛ステーキ用肉

ひき肉

レバー・砂肝・鶏皮

column 1

PART 2

めん・ごはん・パンのレシピ

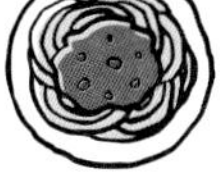

めん

ごはん

パン

PART 3

魚介のおかず

PART 4

卵・大豆製品・チーズのおかず&おつまみ

本書の決まりごと

＊分量は基本、2～3人分です。多めに作って保存がきくおかずは作りやすい分量にしています。

＊大さじ1は15mℓ、小さじ1は5mℓ、1カップは200mℓです。いずれもすり切りで量ります。「ひとつまみ」は親指、人さし指、中指の3本でつまんだ分量で小さじ1/6～1/5程度、「少々」は親指、人さし指の2本でつまんだ分量で小さじ1 /6未満です。

＊特に記載がない場合は、しょうゆは濃口しょうゆ、塩は天然塩、砂糖は上白糖、みそは信州みそ、オリーブオイルはエクストラバージンオイル、バターは有塩バター、生クリームは乳脂肪分35%以上のもの、めんつゆは3倍濃縮タイプを使用しています。

＊はちみつは1歳未満の乳児が食べた場合、乳児ボツリヌス症にかかる場合があるので与えないでください。

＊だし汁は昆布、かつお節、煮干しなどでとったものです。市販のインスタントだしを表示に従って溶かしたものやだしパックでも代用できます。

＊野菜で特に記載がない場合、洗う、皮をむく、ヘタや種を取り除くなどの下処理をすませた後の手順で説明しています。

＊特に記載がない場合、塩ゆでする、水にさらす、冷水にとる際などに使用する水や塩は分量外です。

＊フライパンで特に指定がない場合は直径26cmの、フッ素樹脂加工のものを使用しています。

＊電子レンジは600Wで設定しています。500Wの場合は1.2倍、700Wの場合は0.8倍に換算して加熱してください。

＊オーブントースターは1000Wのものを使用しています。

＊電子レンジ、オーブントースター、炊飯器は機種によって加熱具合が異なりますので、様子をみながら調理してください。

＊火加減で特に記載がない場合は中火ですが、様子をみながら調整してください。

＊保存期間はあくまでも目安です。表示の日数以内でもなるべく早めに食べきるようにしてください。料理を保存する際はしっかり冷まし、乾いた箸やスプーンなど使い、清潔な保存袋または保存容器で保存してください。

何回も作って
たどり着いた

ベストレシピ8

私のお料理は料理上手な母の影響、料理本の編集者としての経験などいろいろな要素が重なって試行錯誤の上、たどり着いたレシピです。作り方はできるだけ特別な材料は使わず、手間を省いています。ハンバーグもハヤシライスも特別なシーンで食べるものではないですが、手作りはやっぱりおいしい！ ぜひ、作ってみてください。

片栗粉と塩さえあれば

肉感たっぷり♡ハンバーグ

フライパン1つ

つなぎのパン粉や卵、牛乳はいりません。**冷たいひき肉に片栗粉と塩だけを混ぜ込みます。**ポイントはたった1つ。**玉ねぎをできるだけ細かいみじん切りにすること。**生のまま入れるので炒めたり冷ましたりする手間もなし。これが、私がたどり着いた究極にジューシーなハンバーグです。

■材料（2人分）

合いびき肉 …… 300g
玉ねぎ …… ½個
塩 …… 小さじ½
こしょう …… 少々
片栗粉 …… 大さじ1
酒 …… 大さじ3
A トマトケチャップ …… 大さじ3
牛乳 …… 大さじ2
ウスターソース、しょうゆ、水 …… 各大さじ1

■作り方

1. 玉ねぎは薄切りにしてから細かいみじん切りにする。
2. ボウルに冷蔵庫から出したてのひき肉、塩、こしょうを入れ、つかむようにして手早く20回ほど練る。片栗粉を加えて練り混ぜ、①も加えて練り混ぜる。
3. 手のひらにサラダ油（分量外）を塗り、②を半量ずつ20回キャッチボールする要領で空気を抜き、厚さ2㎝の円形に整え、冷たいフライパンに並べ入れる。
4. 中火にかけ、2〜3分焼く。焼き色がついたら裏返し、酒を加えてふたをし、弱火で8〜9分蒸し焼きにし、器に盛る。
5. ④のフライパンに**A**を煮立たせ、ハンバーグにかける。お好みでレンジ加熱したブロッコリー、缶汁をきったコーン缶をあえて添える。

Point

薄切りにしてから細かく切る

玉ねぎのみじん切りが大雑把だと肉だねに空洞ができて、そこから肉汁が溢れてしまい、ジューシーさが半減。玉ねぎを細かく切るには、薄切りにしてから重ねて端から刻むのがコツです。

とびきりの
ジューシーさに大満足♪

ベストレシピ8

すぐ食べても
漬け込んでも絶品!

世界一ごはんが進む！

ごはん泥棒チキン

フライパン1つ　作っておける　15分以内

ポン酢しょうゆとオイスターソースを合わせたかんたん極うまだれに、皮目からカリッと焼いた鶏もも肉をドボン！ コクがあるのに後味はさっぱり。いくらでも、いつまででも食べられる悪魔のおかずができてしまいました。お好みでラー油や豆板醤を加えるとさらに止まらない……。

■材料（作りやすい分量）

鶏もも肉 …… 大1枚（350g）
長ねぎ …… 1本
塩、こしょう、薄力粉 …… 各適量
サラダ油 …… 大さじ2
A
にんにく（すりおろし） …… 1かけ
ポン酢しょうゆ、水 …… 各大さじ5
オイスターソース …… 大さじ2
砂糖、ごま油 …… 各大さじ1

■作り方

1. 長ねぎは粗みじん切りにし、**A**と合わせておく。
2. 鶏肉は余分な脂肪を取り、ひと口大に切って塩、こしょうで下味をつけ、薄力粉をまぶす。
3. フライパンにサラダ油を中火で熱し、2の皮目を下にして焼く。2〜3分焼いて皮がカリッとしてきたら裏返し、3〜4分焼く。
4. 3の油をよくきり、1に加えてなじませる。

Point

皮目はカリッと香ばしく焼く

鶏肉は薄力粉をまぶしてから多めの油で皮目からカリッと焼くのがコツ。香ばしさがプラスされてうまみがアップするほか、時間がたっても鶏皮のぐにゅぐにゅ感がなく、おいしさが長持ち！

ベストレシピ8

絶対作ってみてほしい!

のりを愛してやまない私のオリジナルパスタです。**ストック食材だけで、しかもフライパン1つで作れます。**ツナ缶の汁は栄養もうまみもたっぷりなのでまるごと使って。ちぎった焼きのりがトロ~リ溶けてパスタにからんで、たまらないおいしさです。

別ゆでなしのワンパンパスタ!

ツナののりまみれパスタ

フライパン1つ　15分以内

■材料（2人分）

スパゲッティ（8分ゆで）…… 200g
ツナ油漬け缶 …… 1缶（70g）
焼きのり（全形）…… 3枚
にんにく（みじん切り）…… 大1かけ
オリーブオイル …… 大さじ2
A　水 …… 2と½カップ（500mℓ）
　　塩 …… 小さじ½
しょうゆ …… 大さじ1

■作り方

1. 深めのフライパンにオリーブオイル大さじ1、にんにくを入れて弱火で熱し、香りが出てきたらツナ缶を缶汁ごと加える。
2. 1にAを加え、沸騰したらスパゲッティを加える。弱めの中火でふたをしてときどき混ぜながら表示より1分短めにゆでる。
3. ふたを取り、細かくちぎった焼きのり、残りのオリーブオイルを加え、火を強めて全体にからめ、しょうゆで味をととのえる。

コクうまのツナ入り！ だからおいしい！

ふわふわチキンナゲット

フライパン1つ　作っておける　冷凍できる　お弁当向き

材料（14個分）

鶏ももひき肉 …… 400g
ツナ油漬け缶 …… 小1缶(70g)
A
- マヨネーズ、片栗粉 …… 各大さじ2
- 顆粒コンソメスープの素 …… 大さじ½
- 粉チーズ …… 大さじ1
- 塩 …… 小さじ½
- こしょう …… 少々

サラダ油 …… 適量

●冷凍2週間

作り方

1 ツナ缶は缶汁をきる。

2 ポリ袋にひき肉、Aを入れてよく練り混ぜ、1を加えて混ぜる。14等分の平たい楕円形に形を整える。

3 フライパンにサラダ油を深さ2cmほど注いで170℃に熱し、2の半量を入れる。ときどき上下を返しながら5～6分揚げ、油をよくきる。残りも同様に揚げる。器に盛り、お好みでリーフレタスを添える。

おうちナゲットは幸せの象徴♡

ファストフードのナゲットしか食べたことがない人に、絶対食べてほしい！ **ふわふわでうまみたっぷり。「ナゲットってこんなにおいしいの!?」**ってみんなが言います。袋1つでできて、揚げ時間が短いのもうれしい♪ 冷めてもおいしいのでお弁当にもぜひ。

「朝から煮込んだ?」って言われる

トマト缶のハヤシライス

フライパン1つ　作っておける

10分蒸し煮するだけなのに、何時間も煮込んだような深い味わい! このギャップがたまりません。材料選びにちょっとしたコツが。**トマト缶は味に深みのあるホールタイプを、マッシュルームは風味が強いブラウンタイプを**使います。ちょっぴりの赤ワインと一緒に蒸し煮にすれば、ルウいらずで完璧な味に。

材料（作りやすい分量）

牛切り落とし肉 …… 350g
玉ねぎ …… 1個
マッシュルーム …… 6個
にんにく（みじん切り） …… ½かけ
サラダ油 …… 大さじ½
バター …… 20g
薄力粉 …… 大さじ2
A トマト水煮缶（ホールタイプ） …… 1缶（400g）
　赤ワイン、牛乳 …… 各¼カップ（50mℓ）
B トマトケチャップ …… 大さじ3
　ウスターソース …… 大さじ1
　しょうゆ …… 小さじ2
　塩、砂糖、こしょう …… 各少々
温かいごはん …… 適量

作り方

1. 玉ねぎは縦半分に切り、繊維と垂直に8mm幅の薄切りにする。マッシュルームは根元を少し切り、縦3等分に切る。牛肉は食べやすい大きさに切る。
2. フライパンにサラダ油、バター、にんにく、玉ねぎを入れて中火で熱し、玉ねぎを焼くようなイメージで炒める。牛肉、マッシュルームを加えて炒める。
3. 肉に焼き色がついたら、薄力粉を加えて粉っぽさがなくなるまで炒める。**A**を加えてトマト水煮をヘラで粗くつぶし、ふたをして弱火で10分蒸し煮にする。**B**を加えて混ぜ、ふたをして弱めの中火で5〜6分煮る。
4. 器にごはんを盛り、3をかけてお好みでパセリのみじん切りをちらす。

Point

蒸し煮にして甘みを引き出す

トマト缶と赤ワインに牛乳を加えて、弱火で蒸し煮にします。トマトの甘みが引き出され、ルウを使わなくても短時間でまろやかなコクが堪能できます。

ルウを買う必要なし！

ベストレシピ8

薄切り玉ねぎでトロットロ！

超絶やわらか煮豚

フライパン1つ　作っておける　冷凍できる　お弁当向き

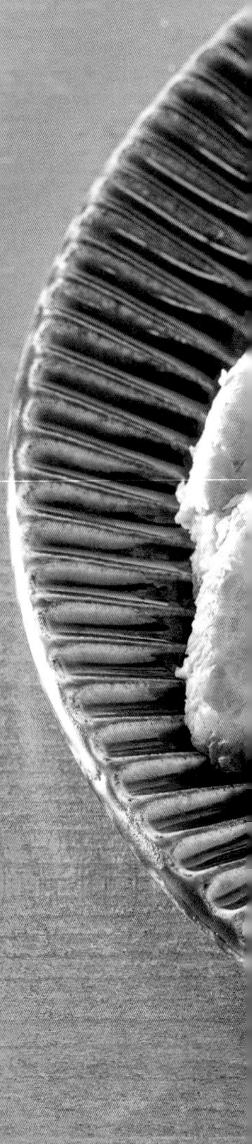

■材料（作りやすい分量）

豚肩ロースかたまり肉 …… 500g×2本
玉ねぎ …… 1個
塩、こしょう …… 各適量
サラダ油 …… 大さじ½
A
水 …… 2カップ（400mℓ）
しょうゆ …… ½カップ（100mℓ）
酒、酢 …… 各¼カップ（50mℓ）
砂糖 …… 大さじ5
オイスターソース …… 大さじ2
にんにく（半割りにしてつぶす） …… 1かけ
ゆで卵 …… 4個

■作り方

1 豚肉は室温にもどし、フォークで全体を刺して塩、こしょうをふる。玉ねぎは薄切りにする。

2 フライパンにサラダ油を中火で熱し、1の豚肉を全体に焼き色がつくまで5分焼く。

3 2のフライパンの余分な脂を拭き取り、**A**、玉ねぎを加えて混ぜ、中火にかける。煮立ったら湿らせたペーパータオルで落としぶたをし、ふたもずらしてのせ、2〜3回上下を返しながら弱めの中火で45〜50分煮て火を止める。粗熱がとれたらチャック付き保存袋に煮汁ごと入れ、ゆで卵も入れ、そのまま冷ます。

4 3を食べやすい大きさに切って器に盛り、煮汁を煮つめてかけ、お好みで白髪ねぎを添える。

●冷蔵5日
●冷凍2週間（※ゆで卵は除く）

以前は玉ねぎをすりおろしてお肉を煮込んでいました。すりおろしって腕も疲れるし、正直面倒です。でも、薄切り玉ねぎのすごさを発見しました。**お酢と薄切り玉ねぎと一緒に煮込むと、驚くほどお肉がやわらかに！** 玉ねぎは甘みたっぷりのおいしいとろみにもなります。

私の永久保存版レシピ

Point

薄切り玉ねぎは魔法の調味料！

玉ねぎにはたんぱく質を分解する酵素があり、一緒に煮るだけで豚肉が想像以上にやわらかくなります。玉ねぎは加熱すると甘みが増し、煮汁にもおいしいとろみがつきます。

ベストレシピ8

超もっちり&超むっちり!

いつものお刺身が小料理屋の逸品になる！ 私のとっておきレシピです。淡泊なたいのお刺身が、**濃厚なたれをまとって、もっちりした食感に変身**。これだけでは終わりません。翌日はさらにむっちりした味わいに！ 白いごはんやお茶漬けとの相性もよすぎます。

このひと切れをかみしめたい！

たいのねっとりごまよごし

材料1つ　作っておける　15分以内

材料（2人分）

たい（刺身用）…… 1さく（200g）
みりん …… 大さじ1
A すりごま（白）…… 大さじ2
いりごま（白）…… 大さじ1
しょうゆ、ごま油
…… 各大さじ1

作り方

1 耐熱容器にみりんを入れ、ラップをかけずに電子レンジで20秒加熱する。粗熱がとれたらAと混ぜ合わせる。

2 たいは水けを拭き取り、食べやすい大きさのそぎ切りにし、[1]とあえて5分おく。

レシピの長さとおいしさは比例しません！

チーズのめんつゆ漬け

私の最短レシピ。かけた手間に対するおいしさという意味では、効率がナンバーワンかもしれません。**お値打ちのチーズが文字通り絶品に生まれ変わります。**とにかく作ってみてほしい！としか言えません。モッツァレラチーズやカマンベールチーズでもイケます。

■材料（作りやすい分量）

プロセスチーズ（個包装タイプ）…… 6個

A
- めんつゆ（3倍濃縮）、水 …… 各¼カップ（100mℓ）
- にんにく（すりおろし）…… ½かけ
- ごま油 ……小さじ1

■作り方

1. チャック付き保存袋に**A**を入れてよく混ぜ合わせる。
2. [1]にプロセスチーズを入れてなじませる。袋の空気を抜いて口をとじ、冷蔵室で半日漬ける。

この本の使い方

レシピの説明文

「このレシピにたどり着いたエピソード」や「生まれたきっかけ」、「味や食感の特徴」、「おいしく作るためにどういう風に手間を省いたか」など、読者のみなさんに楽しく読んでいただけるようにまとめました。

鶏むね肉に片栗粉をまぶしてたっぷりの湯でゆでるとつるつるぷるっぷるの口当たりになって、いくらでも食べられます。青じそたっぷりの香味だれをかけて、このおいしさにしばし没頭してください。

PART 1 鶏むね肉

☆無限にイケちゃう

冷蔵庫で冷やして食べても OK！

つるつる鶏の香味だれがけ

鍋1つ 作っておける 15分以内

材料（2～3人分）
鶏むね肉……大1枚(350g)
A 塩……小さじ$\frac{1}{4}$
こしょう……少々
酒……大さじ1
片栗粉……大さじ4
B 鶏ガラスープの素……大さじ$\frac{1}{2}$
砂糖……小さじ1
酢……大さじ1と$\frac{1}{2}$
しょうゆ……大さじ1
ごま油……大さじ1
青じそ(粗みじん切り)……8～10枚
しょうが(すりおろし)……$\frac{1}{2}$かけ

作り方
1 鶏肉は皮を取り除き、繊維を断ち切るようにしてひと口大のそぎ切りにする。Aをもみ込んでから片栗粉をまぶす。
2 鍋にたっぷりの湯（分量外）を沸かし、沸騰したら1を1切れずつ入れ、4～5分ゆでる。火が通った順にざるにあげて冷まし、器に盛る。
3 ボウルにBを順に入れて混ぜ合わせ、2にかける。

38

鶏むね肉は切り方で食感が大きく変わってきます。繊維を断ち切るようにして8㎜くらいの厚さにそぎ切りしたら、仕上げにフォークでところどころ刺します。これでレシピ名の通り「やわらか」な食感に。

大大大人気レシピです♡

むね肉ってこんなにおいしかった!?

やわらかチキンカツ

フライパン1つ 材料1つ お弁当向き 15分以内

材料（2～3人分）
鶏むね肉……大1枚(350g)
塩、こしょう……各適量
A 溶き卵……1個分
薄力粉……大さじ3
牛乳……大さじ1
パン粉、サラダ油……各適量
B マヨネーズ……大さじ1と$\frac{1}{2}$
ウスターソース……大さじ$\frac{1}{2}$

作り方
1 鶏肉は繊維を断ち切るようにして8㎜厚さのそぎ切りにし、フォークでところどころ刺して塩、こしょうを強めにふる。混ぜ合わせたAにくぐらせてからパン粉をまぶす。
2 フライパンにサラダ油を深さ2cmほど注いで170℃で熱し、1を入れる。2分ほどして衣がかたまってきたら裏返し、3分揚げ、油をよくきる。
3 器に2を盛り、お好みで玉ねぎの薄切り、かいわれ菜を添え、混ぜ合わせたBをかけて食べる。

Point
そぎ切りにしてやわらかに
包丁を寝かせて肉の繊維を断ち切るようにして8㎜厚さのそぎ切りにします。厚みが薄く均一になるので短時間で火が入り、口当たりがやわらかに。

39

食材別のタグ

例えば、肉のおかずを作りたいとき、鶏もも肉、鶏むね肉など部位別で検索できるようにタグをつけています。買い物をする際に参考にしてください。

色付きのアンダーライン

作り方で特に要ポイントになる工程には、色付きのアンダーラインで強調しています。

おいしく作るためのポイント

おいしいおかずを作るためのポイントを写真付きで説明しています。

10種類のアイコン

どんなお料理かひと目でわかるように、各レシピに〈フライパン1つ〉〈レンチン〉〈鍋1つ〉〈炊飯器1つ〉〈トースター〉〈材料1つ〉〈作っておける〉〈冷凍できる〉〈お弁当向き〉〈15分以内〉のアイコンがついています。

フライパン1つ
フライパンだけで作れます。

レンチン
電子レンジだけで作れます。

鍋1つ
鍋だけで作れます。

炊飯器1つ
炊飯器だけで作れます。

トースター
オーブントースターだけで作れます。

材料1つ
肉、魚などメイン食材1つで作れます。

作っておける
前もって作っておいてもおいしい、または温め直して食べられるレシピです。日持ちする場合は保存期間を明記しています。

冷凍できる
冷凍保存できるレシピです。保存期間を明記しています。

お弁当向き
お弁当のおかずにぴったりのレシピです。

15分以内
調理時間が15分以内のレシピです。

PART
1

肉のおかず

食卓に出す回数が多い主菜といえば、肉のおかず。
鶏むね肉、豚こま切れ肉、牛こま切れ肉、ひき肉など
扱いやすい食材を中心にドドーンと 95 品をご紹介します。
照り焼きやから揚げ、レンジでよだれ豚やシューマイなど
作りたい、食べたいメニューがきっと見つかるはず。

わが家のスタメン！

鶏肉と長ねぎの照り焼き

フライパン1つ

15分以内

お弁当向き

材料（2人分）

鶏もも肉 …… 小2枚（400g）
長ねぎ …… 1本
A 塩 …… 小さじ¼
酒 …… 大さじ1
こしょう …… 少々
片栗粉 …… 小さじ1
サラダ油 …… 小さじ4
酒 …… 大さじ3
B しょうゆ、みりん …… 各大さじ2
砂糖 …… 大さじ1

作り方

1 長ねぎは3〜4cm長さに切り、楊枝で全体に穴をあける。鶏肉は余分な脂肪を取り除き、包丁を入れて厚みをできるだけ均一にし、縦に浅く切り込みを入れ、**A**を全体になじませておく。**B**は混ぜ合わせておく。

2 フライパンにサラダ油小さじ2を弱めの中火で熱し、1の長ねぎを転がしながら3分ほど焼き、一度取り出す。

3 2のフライパン残りのサラダ油を中火で熱し、1の鶏肉を皮目を下にして入れる。ときどきヘラで押さえながら、出てきた脂をペーパータオルで吸い取り、皮に焼き色がつくまで4〜5分焼く。

4 裏返して酒をふり入れ、ふたをして弱火で5分ほど焼く。ふたを取り、出てきた脂と水分をペーパータオルで拭き取り、2の長ねぎを戻し入れる。**B**を加えて煮立たせ、照りが出てきたら全体に煮からめる。

登板回数が多い「安心と信頼のレシピ」。カリッとした皮目とふっくらした肉感のどちらも味わいたくて研究を重ねました。**皮目はヘラで押さえながら、出てきた脂と水分をペーパータオルでしっかり吸い取って焼く**と、肉の臭みがゼロで味がランクアップ。酒をふって蒸し焼きにするとふっくらに。

Point

余分な脂と水分は吸い取りながら焼く

鶏肉を焼くときに出てくる余分な脂と水分。これをペーパータオルで吸い取りながら焼くと臭みが取れ、照り焼きだれとのからみもグンとよくなります。

肉汁がジュワ〜
皮はカリッ!

シンプルだけど奥が深いチキンソテー。皮目をパリパリに仕上げたいので蒸し焼きにはしません。**身の部分に切り目を入れて皮目から焼き、出てきた脂や水分を吸い取りながら8割ほど焼きます。**後は裏返して弱火で焼くだけでOK！

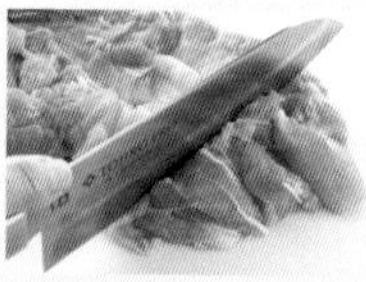

Point

縦に切り込みを入れる

鶏肉は厚みのある身の部分に縦に切り込みを入れます。このひと手間で肉が縮みにくくなって火の通りが均一になり、焼き上がりもふっくらします。

シンプルに味わいたいときはコレ！

パリパリ♪チキンソテー 明太マヨソース

フライパン1つ　15分以内

材料（2人分）

鶏もも肉 …… 小2枚（400g）
塩 …… 小さじ½
こしょう、薄力粉 …… 各適量
サラダ油 …… 大さじ1
辛子明太子 …… 小½腹（20g）
A 牛乳 …… 大さじ1
　マヨネーズ …… 大さじ2

作り方

1. 明太子は薄皮から身をこそげ出し、**A**と混ぜておく。
2. 鶏肉は余分な脂肪を取り除き、包丁を入れて厚みをできるだけ均一にし、縦に浅く切り込みを入れる。塩、こしょうをふって薄力粉をまぶす。
3. フライパンにサラダ油を弱めの中火で熱し、[2]を皮目を下にして入れる。ときどきヘラでギュッと押さえながら、出てきた脂や水分をペーパータオルで吸い取り、6〜7分焼く。
4. こんがりと焼き色がついたら裏返し、弱火で5〜6分焼く。器に盛り、[1]をかけ、お好みでミックスレタスを添える。

「酸味が強すぎて、コクがない!」。鶏肉のトマト煮でありがちなお悩みですが、**砂糖と牛乳を加えれば、トマトの酸味がしっかりとやわらぎます。玉ねぎもじっくりと炒めて甘みを引き出します。**トマト缶はカットタイプよりも、味の濃いホールタイプがおすすめ。

うまみと甘みがすごい!

鶏肉の濃厚トマト煮

フライパン1つ　作っておける

材料（2～3人分）

鶏もも肉 …… 大1枚(350g)
玉ねぎ …… ½個
にんにく(みじん切り) …… 1かけ
A 塩 …… 小さじ¼
こしょう …… 少々
薄力粉 …… 大さじ1と½
オリーブオイル …… 大さじ1
B トマト水煮缶(ホールタイプ) …… 1缶(400g)
酒 …… 大さじ3
顆粒コンソメスープの素 …… 大さじ1
塩 …… 小さじ1弱
砂糖 …… 大さじ½
牛乳 …… ¼カップ(50mℓ)

作り方

1 鶏肉は余分な脂肪を取り除き、大きめのひと口大に切り、**A**をもみ込んで薄力粉をまぶす。玉ねぎは薄切りにする。

2 フライパンにオリーブオイルを中火で熱し、1の鶏肉を皮目を下にして入れ、全体を3～4分焼き、一度取り出す。

3 2のフライパンににんにく、玉ねぎを加え、弱めの中火で2～3分炒める。**B**を加えてトマトをヘラでつぶし、混ぜる。

4 煮立ったら2の鶏肉を戻し入れ、ふたをして弱めの中火で7～8分煮る。仕上げに牛乳を加えて1～2分煮る。器に盛り、お好みでバジルの葉を添える。

から揚げ大好きな私のルーティンは、**鶏肉と調味料を入れた保存袋を20回もみ込むこと**。短時間で味がしみます。そしていつもの揚げ油に、**大さじ1のごま油を入れてみて**。これだけで風味がアップします。

PART 1

鶏もも肉

Point

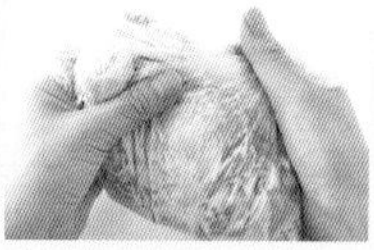

20回もみ込んで

鶏肉に鶏ガラスープの素、マヨネーズの漬けだれを20回もみ込むと短時間でも味がしみしみに！ マヨネーズ効果で冷めてもかたくなりづらくなります。

揚げ油にごま油をちょい足し！

鶏の塩から揚げ

材料（2〜3人分）

鶏もも肉 …… 大1枚（350g）

A しょうが（すりおろし）…… 1かけ
にんにく（すりおろし）…… ½かけ
酒、鶏ガラスープの素、マヨネーズ …… 各大さじ1
こしょう …… 少々

片栗粉 …… 大さじ5
サラダ …… 油適量
ごま油 …… 大さじ1

作り方

1. 鶏肉は余分な脂肪を取り除き、8〜9等分の角切りにし、ポリ袋に入れる。**A**を加えて20回もみ込み、10分おく。
2. 1の汁けをきり、揚げる直前に鶏肉の皮をのばしながら片栗粉を全体にまぶす。
3. フライパンにサラダ油を深さ2cmほど注ぎ、ごま油を加えて170℃に熱し、2の皮目を下にして入れる。衣がかたまってきたら裏返し、ときどき上下を返しながら3〜4分揚げる。仕上げに強火で1分揚げ、油をよくきる。器に盛り、お好みで長ねぎの斜め薄切りをのせる。

から揚げバリエ

コクもおいしさも倍増！

カレーチーズ風味から揚げ

材料（2～3人分）

鶏もも肉 …… 大1枚（350g）
A しょうゆ、酒 …… 各大さじ1
しょうが（すりおろし） …… 1かけ
カレー粉 …… 小さじ½
塩 …… 小さじ¼
B 粉チーズ …… 大さじ2
片栗粉 …… 大さじ3
サラダ油、粉チーズ …… 各適量

作り方

1 鶏肉は余分な脂肪を取り除き、8～9等分の角切りにし、ポリ袋に入れる。**A**を加えて20回もみ込み、10分おく。

2 1の汁けをきり、揚げる直前に鶏肉の皮をのばしながら**B**を全体にまぶす。

3 フライパンにサラダ油を深さ2cmほど注いで170℃に熱し、2を皮目を下にして入れる。衣がかたまってきたら裏返し、ときどき上下を返しながら3～4分揚げる。仕上げに強火で1分揚げ、油をよくきる。器に盛り、粉チーズをかける。

冷めてもしっとりやわらか！

オイマヨから揚げ

材料（2～3人分）

鶏むね肉 …… 大1枚（350g）
A マヨネーズ …… 大さじ1
オイスターソース …… 大さじ2
塩 …… 小さじ⅓
にんにく（すりおろし） …… ½かけ
片栗粉 …… 大さじ4
サラダ油 …… 適量

作り方

1 鶏肉は観音開きにし、繊維を断ち切るよう1.5cm幅のスティック状に切る。長い部分はさらに半分に切る。ポリ袋に入れ、**A**を加えて20回もみ込み、10分おく。

2 1の汁けをきり、揚げる直前に片栗粉を全体にまぶす。

3 フライパンにサラダ油を深さ2cmほど注いで170℃に熱し、2を入れる。衣がかたまってきたら裏返し、ときどき上下を返しながら3～4分揚げる。仕上げに強火で1分揚げ、油をよくきる。

かつお節をちょい足し！

だししょうゆから揚げ

材料（2～3人分）

鶏もも肉 …… 大1枚（350g）
A しょうゆ …… 大さじ1と½
酒 …… 大さじ1
かつお節 …… 1パック
B 片栗粉、薄力粉 …… 各大さじ2
サラダ油 …… 適量

作り方

1 鶏肉は余分な脂肪を取り除き、8～9等分の角切りにし、ポリ袋に入れる。**A**を加えて20回もみ込み、10分おく。

2 1の汁けをきり、揚げる直前に鶏肉の皮をのばしながら**B**を全体にまぶす。

3 フライパンにサラダ油を深さ2cmほど注いで170℃に熱し、2をの皮目を下にして入れる。衣がかたまってきたら裏返し、ときどき上下を返しながら3～4分揚げる。仕上げに強火で1分揚げ、油をよくきる。

主役？もちろんカリッと焼いた鶏肉です！……と言いたいところですが、このレシピは「きのこのうまみをどこまで引き出せるか」が勝負。**きのこめがけて塩をふり、汁をかかせることでうまみを引き出す**のです。

うまさの土台はきのこです

鶏肉ときのこのフリカッセ

フライパン1つ　作っておける

材料（2人分）

鶏もも肉 …… 大1枚（350g）
しめじ …… 1パック（100g）
まいたけ …… 1パック（100g）
塩、こしょう、薄力粉 …… 各適量
バター …… 10g
白ワイン …… $\frac{1}{4}$カップ（50mℓ）
A
水 …… $\frac{1}{4}$カップ（50mℓ）
生クリーム …… $\frac{1}{2}$カップ（100mℓ）
顆粒コンソメスープの素 …… 小さじ1
にんにく（すりおろし）…… $\frac{1}{2}$かけ

作り方

1. 鶏肉は余分な脂肪を取り除き、半分に切って塩、こしょうを強めにふり、薄力粉をまぶす。しめじは石づきを取り、まいたけとともに手でほぐす。
2. フライパンにバターを中火で溶かし、①の鶏肉を皮目から3〜4分焼く。こんがりと焼き色がついたら裏返す。
3. フライパンの端に鶏肉を寄せ、きのこを加えて塩小さじ1/4（分量外）をふり、汁をかいてきたらふたをして弱めの中火で3〜4分蒸し焼きにする。
4. ふたを取り、白ワインを加えて中火で煮立たせる。**A**を加えて混ぜ、ふたをして弱めの中火で4〜5分煮る。器に盛り、お好みでパセリのみじん切りをちらす。

ふっくらしたお肉と皮目のサクサク感。両方を味わうためのヒミツは片栗粉のダブル使い。1度目はしっかりもみ込み、2度目は鶏皮をのばしてまんべんなくまぶして。油に入れたら4分はさわらない。これでカリッと仕上がります。

Point

油に入れたら少しほっとく！

衣がしっかりかたまり、色づくまでさわらないこと！ こうするとサクサクした口当たりになり、たれともからみやすくなって絶品に。

揚げものとねぎは相性よすぎ！

ねぎたっぷり油淋鶏

フライパン1つ

■材料（2～3人分）

鶏もも肉 …… 大1枚（350g）

A
- 塩 …… 小さじ½
- 酒 …… 大さじ1
- こしょう …… 少々
- 片栗粉 …… 大さじ2

片栗粉、サラダ油 …… 各適量

B
- 長ねぎ（みじん切り） …… 1本
- しょうが（みじん切り） …… 1かけ
- しょうゆ …… 大さじ3
- 酢 …… 大さじ2
- 砂糖 …… 小さじ4
- ごま油 …… 大さじ1

■作り方

1 鶏肉は余分な脂肪を取り除き、包丁を入れて厚みを均一にして、皮目にフォークで数か所刺す。ポリ袋に入れて**A**を順に加えて20回もみ込み、10分おく。**B**は混ぜ合わせておく。

2 1の鶏肉の汁けをきり、皮をのばして片栗粉をまんべんなくしっかりつける。

3 フライパンにサラダ油を深さ2㎝ほど注いで170℃に熱し、2を皮目を下にして入れ、動かさずに揚げる。4分ほどして衣がかたまってきたら裏返し、4分ほど揚げる。仕上げに火を強めて1分揚げ、油をよくきる。

4 2分おいてから食べやすい大きさに切り分ける。器に盛り、**B**をかける。

鶏肉の脂をなすに吸わせるのがコツ

鶏肉となすの甘酢炒め

■材料（2〜3人分）

鶏もも肉 …… 1枚（300g）	**B** しょうゆ、酢 …… 各大さじ1と½
なす …… 2本	みりん、砂糖 …… 各大さじ1
塩、こしょう …… 各適量	しょうが（すりおろし） …… ½かけ
片栗粉 …… 大さじ1	
サラダ油 …… 大さじ1と½	

■作り方

1. なすは乱切りにする。鶏肉は余分な脂肪を取り除いてひと口大に切り、塩、こしょうをふり、片栗粉をまぶす。
2. フライパンにサラダ油を中火で熱し、1の鶏肉を皮目から2〜3分焼く。カリッとしてきたら裏返し、2〜3分焼いて一度取り出す。なすも皮目から入れて脂を吸わせ、水大さじ1（分量外）をふり、全体に焼き色がつくまで焼く。
3. 余分な脂を拭き取り、2の鶏肉を戻し入れる。混ぜ合わせた**B**を加えて煮立たせ、全体にからめる。

揚げずにかんたんに作れる!

ヤムニョムチキン

■材料（2人分）

鶏もも肉 …… 1枚（300g）	**A** コチュジャン …… 大さじ2
塩、こしょう、片栗粉 …… 各適量	酒、しょうゆ …… 各大さじ1と½
サラダ油 …… 大さじ2	酢 …… 大さじ1
	砂糖 …… 小さじ2
	にんにく（すりおろし） …… ½かけ
	いりごま（白） …… 適量

■作り方

1. 鶏肉は余分な脂肪を取り除いてひと口大に切り、塩、こしょうをふり、片栗粉をまぶす。
2. フライパンにサラダ油を中火で熱し、1を皮目から3〜4分焼く。カリッとしてきたら裏返して2〜3分焼く。
3. フライパンの余分な脂を拭き取り、混ぜ合わせた**A**を加えて汁けをとばしながら全体に煮からめる。器に盛り、いりごまをちらす。

まろやかであっさりした味わい

塩麹鶏じゃが

材料（2〜3人分）

鶏もも肉
……½枚（150g）
じゃがいも……2個
玉ねぎ……½個

A
塩麹……大さじ1と½
酒……大さじ1
水……¼カップ（50mℓ）
顆粒和風だしの素
……小さじ½

ごま油……小さじ1

作り方

1 じゃがいもは小さめの乱切りにし、さっと水にさらす。玉ねぎは薄いくし形切りにする。鶏肉は余分な脂肪を取り除き、ひと口大に切る。

2 耐熱容器にじゃがいも、玉ねぎ、鶏肉の順に入れる。混ぜ合わせたAをまわしかけ、ふんわりとラップをかけて電子レンジで9〜10分加熱する。

3 ごま油を加えてざっと混ぜる。器に盛り、お好みで粗びき黒こしょうをかける。

煮汁はお好みで煮つめてOK！

鶏肉のほったらかし煮

材料（2〜3人分）

鶏もも肉
……大1枚（350g）
にんにく（半割にしてつぶす）
……1かけ
バター……5g

A
酒……¼カップ（50mℓ）
しょうゆ……大さじ2
オイスターソース、
砂糖、酢……各大さじ1

作り方

1 鶏肉は余分な脂肪を取り除き、6等分に切る。

2 フライパンにAを入れて混ぜ、1を皮目を下にして入れ、にんにく、バターを入れて中火にかける。煮立ったら弱火にしてふたをし、12分蒸し煮にする。

3 火を止めてそのまま5分ほどおく。器に盛り、お好みでかいわれ菜を添える。

ザクザクの衣にタルタルソースがからむ！

チキン南蛮 赤じそタルタルソース

フライパン1つ

■材料（2～3人分）

鶏むね肉 …… 大1枚（350g）
塩、こしょう …… 各適量
A 溶き卵 …… 1個分
薄力粉 …… 大さじ3
牛乳 …… 大さじ1
片栗粉、サラダ油 …… 各適量
B ゆで卵（粗みじん切り）…… 2個
玉ねぎ（粗みじん切り）…… ¼個
赤じそ風味ふりかけ …… 大さじ½
マヨネーズ …… 大さじ5
酢 …… 小さじ1
砂糖 …… ふたつまみ
塩、こしょう …… 各少々
C ポン酢しょうゆ …… 大さじ2
砂糖 …… 大さじ½
水 …… 大さじ1

チキン南蛮は**ザクザクした食感に仕上げたいので衣は2度づけにします。その代わりにたれはポン酢を使ってかけるだけに。**こうすると衣のザクザク感としっとり感が同時に味わえておいしさも倍増。赤じそふりかけ入りのタルタルソースも絶品です。

■作り方

1 **A**、**B**、**C**はそれぞれ混ぜ合わせておく。

2 鶏肉は繊維を断ち切るようにして8mm厚さのそぎ切りにし、フォークでところどころ刺して塩、こしょうを強めにふる。**A**にくぐらせてから片栗粉をまぶす。

3 フライパンにサラダ油を深さ2cmほど注いで170℃で熱し、[2]を入れて2分ほど揚げる。衣がかたまってきたら裏返し、1～2分揚げ、仕上げに火を強めて1分ほど揚げ、油をよくきる。

4 器に[3]を盛り、**C**をかけてから**B**をかける。お好みでキャベツのせん切り、ミニトマトを添える。

Point

衣は2度づけして

鶏肉に卵、薄力粉、牛乳を合わせた液をからめて、さらに片栗粉をまぶします。こうするとザクザクした食感になり、タルタルソースともマッチ！

大人がハマる！
たまらない組み合わせ！

鶏むね肉に片栗粉をまぶしてたっぷりの湯でゆでると、つるつる&ぷるっぷるの口当たりになって、いくらでも食べられます。青じそたっぷりの香味だれをかけて。このおいしさにしばし没頭してください。

☆無限にイケちゃう

冷蔵庫で冷やして食べてもOK！

つるつる鶏の香味だれがけ

鍋1つ　作っておける　15分以内

■材料（2～3人分）

鶏むね肉 …… 大1枚（350g）

A
- 塩 …… 小さじ¼
- こしょう …… 少々
- 酒 …… 大さじ1

片栗粉 …… 大さじ4

B
- 鶏ガラスープの素 …… 大さじ½
- 砂糖 …… 小さじ1
- 酢 …… 大さじ1と½
- しょうゆ …… 大さじ1
- ごま油 …… 大さじ1
- 青じそ（粗みじん切り）…… 8～10枚
- しょうが（すりおろし）…… ½かけ

■作り方

1 鶏肉は皮を取り除き、繊維を断ち切るようにしてひと口大のそぎ切りにする。**A**をもみ込んでから片栗粉をまぶす。

2 鍋にたっぷりの湯（分量外）を沸かし、沸騰したら1を1切れずつ入れ、4～5分ゆでる。火が通った順にざるにあげて冷まし、器に盛る。

3 ボウルに**B**を順に入れて混ぜ合わせ、2にかける。

大大大人気レシピです♡

鶏むね肉は切り方で食感が大きく変わってきます。**繊維を断ち切るようにして8㎜くらいの厚さにそぎ切りしたら、仕上げにフォークでところどころ刺します。**これでレシピ名の通り「やわらか」な食感に。

むね肉ってこんなにおいしかった!?

やわらかチキンカツ

フライパン1つ　材料1つ　お弁当向き　15分以内

■材料（2～3人分）

鶏むね肉 …… 大1枚（350g）
塩、こしょう …… 各適量
A
- 溶き卵 …… 1個分
- 薄力粉 …… 大さじ3
- 牛乳 …… 大さじ1

パン粉、サラダ油 …… 各適量
B
- マヨネーズ …… 大さじ1と½
- ウスターソース …… 大さじ½

■作り方

1. 鶏肉は繊維を断ち切るようにして8㎜厚さのそぎ切りにし、フォークでところどころ刺して塩、こしょうを強めにふる。混ぜ合わせた**A**にくぐらせてからパン粉をまぶす。
2. フライパンにサラダ油を深さ2㎝ほど注いで170℃で熱し、[1]を入れる。2分ほどして衣がかたまってきたら裏返し、3分揚げ、油をよくきる。
3. 器に[2]を盛り、お好みで玉ねぎの薄切り、かいわれ菜を添え、混ぜ合わせた**B**をかけて食べる。

Point

そぎ切りにしてやわらかに

包丁を寝かせて肉の繊維を断ち切るようにして8㎜厚さのそぎ切りにします。厚みが薄く均一になるので短時間で火が入り、口当たりがやわらかに。

揚げものが大好きな私にとって鶏天は欠かせない一品。サクサクの衣と鶏肉のやわらかな食感を味わいたいので、**鶏むね肉はスティック状にそぎ切りします。**衣は手軽に天ぷら粉を使えば、誰が作っても失敗しません。

Point

スティック状のそぎ切りに！

鶏肉の厚みを包丁で開いてからフォークでところどころ刺し、2cm幅の細長いそぎ切りに。こうすると火の通りが早く、やわらかく仕上がります。

おそばの回数が増えます

スティック鶏天

フライパン1つ　材料1つ　お弁当向き　15分以内

材料（2〜3人分）

鶏むね肉 …… 大1枚（350g）

A
- 酒 …… 小さじ1
- 塩 …… 小さじ½
- しょうゆ …… 大さじ½

B
- 天ぷら粉 …… 100g
- 水 …… 160g

薄力粉、サラダ油、粗塩 …… 各適量

作り方

1. 鶏肉は皮を取り除き、包丁で観音開きにしてフォークで全体を刺す。繊維を断ち切るようにして2cm幅で10〜12等分のスティック状に切る。**A**を加えて汁けがなくなるまでもみ込む。
2. ボウルに**B**を入れてよく混ぜ合わせる。
3. [1]に薄力粉をまぶす。
4. フライパンにサラダ油を深さ2cmほど注いで170℃に熱し、[3]に[2]の衣をからめてから1本ずつ入れる。衣がかたまってきたらときどき返しながら3分ほど揚げ、仕上げに火を強めて1分ほど揚げ、油をよくきる。器に盛り、粗塩を添える。

鶏むね肉をしっとりボリューミーに食べるならコレ。**そぎ切りにしたお肉に塩、こしょう、酒、そして薄力粉をまぶします。**これでコーティングは完璧！
あとはにんにくの効いたマヨしょうゆだれをからめれば、もう最高！

やみつきになる満足おかず！

照りマヨうまチキン

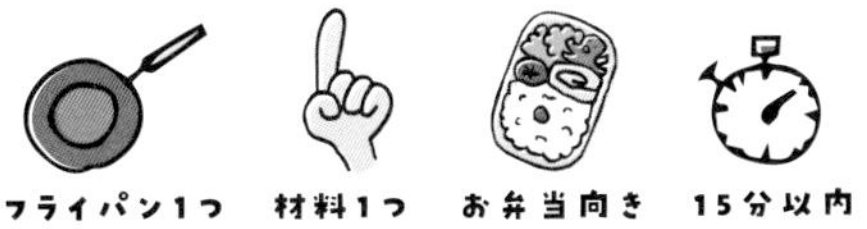

材料（2～3人分）

鶏むね肉 …… 大1枚（350g）

A 塩、こしょう …… 各適量
酒 …… 小さじ2

薄力粉 …… 大さじ1と½
サラダ油 …… 大さじ2

B マヨネーズ、しょうゆ …… 各大さじ1と½
みりん、水 …… 各大さじ1
砂糖 …… 小さじ1
にんにく（すりおろし） …… ½かけ

作り方

1. 鶏肉は皮を取り除き、ひと口大のそぎ切りにする。**A**をもみ込み、薄力粉をまぶす。
2. フライパンにサラダ油を中火で熱し、[1]を2～3分焼く。焼き色がついたら裏返し、2～3分焼く。
3. 余分な脂を拭き取り、混ぜ合わせた**B**を加えて煮立たせ、全体にからめる。お好みでちぎったレタスを器に敷いて盛りつける。

時間をおくほどおいしくなる!

鶏肉のカレー南蛮漬け

材料（作りやすい分量）

鶏むね肉 …… 大1枚（350g）
玉ねぎ …… ½個
A 塩、こしょう …… 各適量
　酒 …… 小さじ2
片栗粉 …… 大さじ2
サラダ油 …… 大さじ3

B しょうゆ、酢 …… 各大さじ3
　みりん …… 大さじ2
　砂糖、水 …… 各大さじ1
　カレー粉 …… 小さじ1

作り方

1. 玉ねぎは薄切りにする。フライパンに**B**を入れて中火にかけ、煮立ったら火を止めて別の容器に移し、玉ねぎを加えておく。
2. 鶏肉は皮を取り除いてひと口大のそぎ切りにし、**A**をもみ込み、片栗粉をまぶす。
3. [1]のフライパンをきれいにしてサラダ油を中火で熱し、[2]を入れて2〜3分焼く。焼き色がついたら裏返し、2〜3分焼く。油をよくきり、[1]に加えてなじませ、30分ほどおく。

●冷蔵3日

生ハムとチーズでリッチな味わいに

鶏肉と生ハムのチーズ焼き

材料（2人分）

鶏むね肉 …… 1枚（300g）
生ハム …… 4枚
スライスチーズ（溶けるタイプ） …… 2枚
塩、こしょう、薄力粉 …… 各適量
オリーブオイル …… 大さじ1

作り方

1. 鶏肉は皮を取り除いて観音開きにし、ラップをのせてめん棒でたたいて厚みを均一にし、4等分に切る。フォークで全体を刺し、塩、こしょう、薄力粉をまぶす。
2. スライスチーズは半分に切る。
3. フライパンにオリーブオイルを弱めの中火で熱し、[1]を入れて2分ほど焼き、裏返して3分ほど焼く。生ハム、チーズをのせてふたをし、チーズが溶けるまで2〜3分蒸し焼きにする。器に盛り、お好みでドライパセリをちらす。

みそとバターでコクをプラス

鶏肉と長いもの豆乳クリーム煮

材料（2～3人分）

鶏むね肉 ……1枚(300g)
長いも ……150g
塩、こしょう ……各適量
薄力粉 ……大さじ1と½
サラダ油 ……大さじ1

A
無調整豆乳 ……¾カップ(150mℓ)
酒、白だし ……各大さじ1
みそ ……小さじ2

バター ……5g

作り方

1 鶏肉は皮を取り除いてひと口大のそぎ切りにし、塩、こしょうをふって薄力粉をまぶす。長いもは8mm角の棒状に切る。

2 フライパンにサラダ油を中火で熱し、[1]の鶏肉を焼く。2分ほど焼いて焼き色がついたら裏返す。鶏肉の横で長いもを焼く。

3 肉の色が変わり、長いもが少し透き通ってきたら、混ぜ合わせた**A**を加えてふたをして弱めの中火でときどき混ぜながら3～4分煮る。仕上げにバターを加えてさっと煮る。

チキンは冷凍してもOK！

サラダチキンのカプレーゼ風

材料（作りやすい分量）

鶏むね肉…… 大1枚(350g)

A
砂糖…… 小さじ½
塩…… 小さじ½
酒…… 大さじ1

水…… 1カップ(200mℓ)
酢…… 大さじ1
しょうが(薄切り)…… 2枚

アボカド…… 1個

B
めんつゆ(3倍濃縮) …… 大さじ1
ごま油 …… 小さじ1
練りわさび(チューブ) …… 2～3cm

作り方

1 鶏肉はフォークで全体を刺す。**A**を順になじませ、10分おく。

2 フライパンに[1]の皮目を上にして入れ、水、酢、しょうがを加えて中火にかける。煮立ったら弱火にしてふたをし、6～7分蒸し煮にする。裏返して3～4分蒸し煮にし、火を止めてそのまま冷ます。

3 アボカドは皮と種を取り、[2]とともに食べやすい厚さに切る。器に盛り合わせ、混ぜ合わせた**B**をかける。

● 冷蔵3～4日
● 冷凍2週間（※鶏肉のみ保存可能）

たれに蒸し汁を混ぜると味が決まる!

ささみのよだれ鶏風

レンチン　作っておける　15分以内

■材料（2～3人分）

鶏ささみ …… 5本(250g)
A 塩 …… 小さじ¼
　こしょう …… 少々
　酒 …… 大さじ2
B にんにく、しょうが(すりおろし) …… 各½かけ
　しょうゆ、オイスターソース …… 各大さじ1と½
　酢、ごま油 …… 各大さじ1
　砂糖 …… 小さじ2
　ラー油 …… 大さじ½
トマト …… 1個
小ねぎ(小口切り) …… 2本

■作り方

1 鶏ささみは筋を取り、フォークで全体を刺す。耐熱皿に移して**A**をまぶし、ふんわりとラップをかけて電子レンジで4分加熱し、そのまま2分蒸らす。

2 トマトは8㎜厚さの輪切りにして器に盛る。

3 **B**に1の蒸し汁大さじ2を加えて混ぜ合わせる。

4 1の鶏ささみを手でさいて2にのせる。3をまわしかけ、小ねぎ、お好みで粗く砕いたピーナッツをちらす。

酢とオイスターソースがあれば、黒酢を使わなくても深い味わいのたれがかんたんに作れます。**レンチンする前に、フォークでささみを全体的に刺しておきましょう。4分加熱したらそのまま2分蒸らします。**お手軽なレンチンだからこそ叶う、ふっくらうまみが凝縮された味わいです。

Point

加熱したらそのまま蒸らして

鶏ささみをしっとりふっくら蒸すには、電子レンジで加熱した後、ラップをしたまま放置。こうするとパサパサにならず時間がたってもしっとり!

黒酢いらずで
本格的な味

みんなが大好きなえびマヨですが、もっとお手軽に作るなら断然鶏ささみがおすすめです。**鶏ささみに片栗粉をまぶしてから焼くと、しっとりプリンッ。**えびにも負けない食感ですよ。

お財布へのやさしさNo.1

子どもも大好きな魅惑の味！

ささみのえびマヨ風

フライパン1つ　材料1つ　お弁当向き　15分以内

■**材料**（2～3人分）

鶏ささみ …… 5本（250g）

A
- 塩 …… 小さじ¼
- こしょう …… 少々
- 酒 …… 小さじ2

片栗粉 …… 大さじ2

サラダ油 …… 大さじ1

B
- マヨネーズ …… 大さじ3
- 牛乳、トマトケチャップ …… 各大さじ1
- ごま油、しょうゆ …… 各小さじ1
- 砂糖 …… 小さじ½

■**作り方**

1. 鶏ささみは筋を取り、ひと口大のそぎ切りにする。**A**をもみ込み、片栗粉をまぶす。**B**は混ぜ合わせておく。
2. フライパンにサラダ油を中火で熱し、1の鶏ささみを並べて2～3分焼く。焼き色がついたら裏返し、2～3分焼く。
3. 2に**B**を加えてさっとからめる。器に盛り、お好みで小ねぎの小口切りをちらす。

私の家族も大好きなお手軽春巻き。カリカリの皮をほおばると、つるつるの鶏ささみに出会えます。**ささみは加熱するとパサつきがちなので、細切りにしてマヨネーズをまとわせます。**これだけでふっくら♡

春巻きのハードル、下げます

おいしい組み合わせと言ったらコレ!

ささみの梅しそチーズ春巻き

フライパン1つ　お弁当向き　15分以内

材料（6本分）

鶏ささみ …… 3本（150g）
梅干し …… 3個
青じそ …… 12枚
スライスチーズ …… 6枚
A マヨネーズ …… 大さじ1
　塩、こしょう …… 各適量
春巻きの皮 …… 6枚
水溶き薄力粉
　薄力粉 …… 小さじ1
　水 …… 大さじ½
サラダ油 …… 適量

作り方

1 鶏ささみは筋を取り、斜め細切りにして**A**をもみ込む。梅干しは種を除いて包丁でたたく。

2 春巻きの皮1枚に青じそ2枚を横に並べる。スライスチーズをのせて[1]の鶏ささみの1/6量を横長におき、梅干しの1/6量を塗る。棒状に巻いて巻き終わりを水溶き薄力粉で留める。全部で6本作る。

3 フライパンにサラダ油を深さ2cmほど注いで弱めの中火で熱し、[2]の巻き終わりを下にして入れる。火加減に注意しながら4〜6分揚げ、油をよくきる。

Point

マヨネーズをまとわせる

細切りにしたささみにマヨネーズをもみ込んで下味をつけておきます。揚げてもパサつかず、しっとり食感をキープ。

できるだけ薄くのばすのがコツ！

ささみのチーズせんべい

材料（作りやすい分量）

鶏ささみ …… 2本（100g）
塩、粉チーズ、粗びき黒こしょう …… 各適量

作り方

1. 鶏ささみは筋を取り、1本を5〜6等分に切る。
2. オーブンシートに[1]を間隔をあけてのせ、上にラップをのせる。めん棒でたたいて1㎜厚さで透けるくらいになるまでのばす。
3. ラップをはずして塩、粉チーズ、粗びき黒こしょうをまんべんなくふり、電子レンジで5分加熱する。もう1本も同様に作る。

ごま油をまとわせて蒸し焼きするだけ！

ささみの串焼き

材料（2〜3人分）

鶏ささみ …… 6本（300g）
A
- 塩、こしょう …… 各適量
- 酒 …… 大さじ1
- ごま油 …… 小さじ1

サラダ油 …… 大さじ½
酒 …… 大さじ1
マヨネーズ、一味唐辛子、練りわさび（チューブ） …… 各適量

作り方

1. 鶏ささみは筋を取り、4等分に切る。**A**を順にからめて3分おく。
2. 竹串1串に[1]の断面が横になるように4切れずつ刺していく。全部で6本作る。
3. フライパンにサラダ油を中火で熱し、[2]を持ち手が交互になるように並べ入れ、弱火で両面を2分ずつ焼く。酒をふり入れ、ふたをして4〜5分蒸し焼きにする。器に盛り、半量にマヨネーズと一味唐辛子をかけ、残りに練りわさびをのせる。

体が温まるあっさり煮もの

ささみの治部煮風

材料（2～3人分）

鶏ささみ
…… 4本（200g）
しいたけ …… 4個
小松菜 …… 1～2株
A 塩 …… 小さじ¼
　酒 …… 小さじ2
片栗粉 …… 大さじ2

B だし汁
　…… 1と½カップ（300mℓ）
　みりん、しょうゆ
　…… 各大さじ1と½
　酒 …… 大さじ1
　砂糖 …… 小さじ1
　塩 …… 小さじ¼

作り方

1 しいたけは石づきを除き、半分に切る。小松菜は3～4cm長さに切る。

2 鶏ささみは筋を取り、3等分のそぎ切りにする。Aをもみ込み、片栗粉をまぶす。

3 鍋にBを入れて中火にかけ、煮立ったら2を加えて煮る。肉の色が変わってきたら、しいたけ、小松菜の茎を加えて弱めの中火で3～4分煮る。仕上げに葉を加えてさっと煮る。

のりと一緒に巻けば風味マシマシ！

ささみの明太マヨのり巻き

材料（2人分）

鶏ささみ …… 4本（200g）
A 辛子明太子
　（薄皮から身をこそげ出す）
　…… 小1腹（40g）
　マヨネーズ …… 大さじ1

焼きのり（全形）
…… 1枚
塩、こしょう、薄力粉
…… 各適量
サラダ油 …… 大さじ1
酒 …… 大さじ1

作り方

1 Aは混ぜ合わせておく。焼きのりは4等分の長方形に切る。

2 鶏ささみは筋を取り、ラップではさんでめん棒で2倍の大きさになるようにのばす。ラップをはずして焼きのりをのせ、Aを塗って巻く。塩、こしょうをふり、全体に薄力粉をまぶす。

3 フライパンにサラダ油を中火で熱し、2の巻き終わりを下にして入れて焼く。とじ目がくっついたら転がしながら焼き色をつける。酒をふり、ふたをして弱めの中火でときどき転がしながら3～4分蒸し焼きにする。食べやすい大きさに切る。

いつもの調味料で劇的においしくなる!

お店の味に負けない!フライドチキン

お店のあの味、あのザクザク食感を再現するには? **オールスパイスなどの特別な調味料は使わなくても大丈夫です!天ぷら粉を、漬け汁にも衣にも使ってください。**これだけです。鶏手羽元は味がしみ込みにくいので、骨にそって切り込みを入れて開き、フォークで全体を刺しておくのも忘れずに。

材料(10本分)

鶏手羽元　10本
A 卵 …… 1個
天ぷら粉 …… 大さじ4
酒、牛乳 …… 各大さじ2
顆粒コンソメスープの素、しょうゆ …… 各大さじ1
塩、粗びき黒こしょう …… 各小さじ1弱
にんにく(すりおろし)…… 大1かけ
天ぷら粉、サラダ油 …… 各適量

作り方

1 鶏手羽元は水けを拭き取り、骨にそって手前からキッチンばさみで切り込みを入れて開き、フォークで全体を刺す。

2 ポリ袋にAを入れてもみ混ぜ、[1]を加えてもみ込み、冷蔵室で1時間以上おく。できれば6時間ほどおくとよい。

3 [2]に1本ずつに天ぷら粉をまぶしつける。

4 フライパンにサラダ油を深さ2cmほど注いで165℃に熱し、[3]の半量を皮目から入れて3〜4分ほど揚げる。裏返して3〜4分揚げ、仕上げに火を強めて1分ほど揚げ、油をよくきる。残りも同様に揚げる。

Point

フォークで全体を刺す

鶏手羽元は味がしみ込みにくいので骨にそって切り込みを入れて開き、フォークで全体を刺します。こうすると中まで調味料がよくしみ込みます。

特別なスパイス？
いりません！

これ、ひと口食べてみんなが「おいしい!」って言います。**鶏ガラスープの素と粉チーズの下味が大好評。この粉チーズ、カリっとした香ばしさも加速させてくれます。**骨にそって1本の切り込みを入れることで、味がしっかりと中までしみて、火の通りもよくなります。

漬け汁と一緒に20回もみ込むのが肝心!

手羽中のカリカリチーズ焼き

フライパン1つ　材料1つ　お弁当向き　15分以内

材料（2～3人分）

鶏手羽中 …… 12本
A | 酒 …… 小さじ2
　鶏ガラスープの素 …… 小さじ1
　粉チーズ …… 大さじ2
　塩、こしょう …… 各少々
オリーブオイル …… 大さじ1

作り方

1. 鶏手羽中は水けを拭き取り、骨にそって1本切り込みを入れる。ポリ袋に入れ、Aを加えて20回よくもみ込む。
2. フライパンにオリーブオイルを中火で熱し、1を皮目から入れ、両面を3～4分ずつ焼く。

手羽先ならではの揚げ焼きのコツがあります。**片栗粉はたっぷりめにつけて。皮目からフライパンに入れたら、カリッと色づくまではさわらずに。**たれとごまをからめたら、最後に追いこしょうを少しだけ。これで一気にあのお店の味に近づきます。

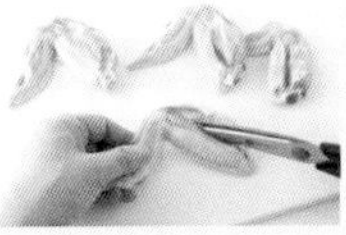

Point

1本切り込みを入れる

鶏手羽先は裏側に骨と骨の間に1本切り込みを入れておくと火の通りが早くなり、味もよくしみます。キッチンばさみを使うとかんたんです。

冷めてもおいしい！ 奪い合い必至♪

手羽先の山ちゃん風から揚げ

材料（2～3人分）

鶏手羽先 …… 8本
塩、こしょう、片栗粉 …… 各適量
サラダ油 …… 大さじ4
A しょうゆ …… 大さじ3
みりん …… 大さじ2
酒、砂糖 …… 各大さじ1
いりごま（白） …… 適量

作り方

1 鶏手羽先は水けを拭き取り、骨と骨の間に1本切り込みを入れる。ポリ袋に入れて塩、こしょうを加えてもみ込み、片栗粉をまんべんなくまぶす。

2 フライパンにサラダ油を中火で熱し、1を皮目から入れ、3～4分揚げ焼きにする。濃いめの揚げ色がついたら裏返し、さらに3～4分揚げ焼きにし、油をよくきる。

3 2のフライパンをきれいにし、**A**を加えて煮立たせる。とろみがついてきたら2の鶏肉を戻し入れ、全体にからめて火を止める。いりごまをからめてお好みでこしょうをふる。

トロトロで熱々を召し上がれ!

お手軽 サムゲタン風スープ

材料（2人分）

鶏手羽元 …… 6本
長ねぎ …… 1本
白米 …… 大さじ3
しょうが（皮ごと薄切り） …… 1かけ
にんにく（半割りにしてつぶす） …… 1かけ
塩 …… 小さじ¼
A 水 …… 3カップ（600mℓ）
　酒 …… 大さじ2
　鶏ガラスープの素 …… 大さじ1
　ごま油 …… 大さじ½

作り方

1 鶏手羽元は水けを拭き取り、骨にそって2か所切り込みを入れ、塩を全体にもみ込む。長ねぎは4cm長さに切る。

2 炊飯器に1、白米、しょうが、にんにくを入れ、Aを入れてざっと混ぜ、普通モードで炊く。

3 炊けたら、全体を混ぜて器に盛る。お好みでごま油、粗びき黒こしょうをかける。

短時間で味しみバッチリ

手羽元と大根の酢煮

材料（2～3人分）

鶏手羽元 …… 8本
大根 …… 8cm（400g）
サラダ油 …… 大さじ½
A 酒、酢、しょうゆ …… 各¼カップ（50mℓ）
　みりん …… 大さじ2
　砂糖 …… 大さじ1
　顆粒和風だしの素 …… 小さじ½

作り方

1 大根は1cm厚さのいちょう切りにする。鶏手羽元は水けを拭き取り、骨にそって2か所切り込みを入れる。

2 フライパンにサラダ油を中火で熱し、1の鶏肉を皮目から入れ、3分ほど焼く。全体に焼き色をついたら大根を加えて2～3分炒める。

3 Aを加えて煮立ったら、落としぶたをして、ふたもずらしてのせ、弱めの中火でときどき上下を返しながら12分蒸し煮にする。ふたを取り、火を強めて照りが出るまで煮からめる。

大量に作ってもすぐなくなっちゃう!

手羽中の甘辛煮

■材料(2〜3人分)

鶏手羽中 …… 16本
サラダ油 …… 大さじ½
A | 酒 …… 大さじ3
　| しょうゆ …… 大さじ2
　| みりん、砂糖 …… 各大さじ1

■作り方

1 鶏手羽中は水けを拭き取り、骨にそって1本切り込みを入れる。

2 フライパンにサラダ油を中火で熱し、1を皮目から入れ、全体に焼き色をつける。

3 Aを加えて混ぜ、ふたをして弱火で途中上下を返しながら10〜12分蒸し煮にする。

調味料をしっかりすり込んで

手羽先のねぎ塩麹蒸し

■材料(2人分)

鶏手羽先 …… 6本
長ねぎ …… 1本
A | 塩麹、しょうゆ …… 各大さじ1
　| しょうが(すりおろし) …… ½かけ
　| ごま油 …… 小さじ1
酒 …… 大さじ1

■作り方

1 鶏手羽先は水けを拭き取り、裏側に1本切り込みを入れ、表面の皮にフォークで刺して穴をあける。Aをよくすり込み、耐熱皿に表面を下にして重ならないように並べる。

2 長ねぎは粗みじん切りにし、1にのせて酒をまわしかける。

3 ふんわりとラップをかけて電子レンジで4分加熱する。上下を返して4分加熱し、そのまま1分蒸らす。

一度食べたら忘れられない新食感！

豚こまバーグ ハニーマスタードソース

■材料（2人分）

豚こま切れ肉 …… 250g
塩 …… 小さじ½
A 酒 …… 大さじ1
にんにく（すりおろし）…… ½かけ
片栗粉 …… 大さじ1
オリーブオイル …… 大さじ1
B 粒マスタード、マヨネーズ …… 各大さじ2
はちみつ、しょうゆ …… 各大さじ1
酒 …… 大さじ3

■作り方

1. ボウルに豚肉を入れ、キッチンばさみで粗く刻む。塩を加えてしっかりもみ込み、**A**を順に加えて混ぜ合わせる。2等分にして直径8〜9㎝の楕円形にまとめる。

2. フライパンにオリーブオイルを引いて1を入れる。中火で熱して2〜3分焼き、焼き色がついたら裏返し、ヘラで押さえて1分ほど焼く。水大さじ3（分量外）をふり、ふたをして弱めの中火で5〜6分蒸し焼きにし、器に盛る。

3. 2のフライパンに**B**を煮立たせ、2の豚肉にかける。お好みでベビーリーフを添える。

豚こま肉がお安くなっていたら、迷わずこのレシピ！ **豚こま肉に塩を加えてしっかりもみ込むと、不思議なことにお肉同士が絶妙にくっついて弾力のある食感になります。**とてもリッチな食感のこのハンバーグ、食べごたえが十分なのでお弁当にもおすすめです。

Point

手でしっかりもみ込む

豚こまをキッチンばさみで粗く刻んだ後、塩を加えて手で20〜30回、しっかりともみ込んで。お肉同士が結着してプリッとした弾力感が生まれます。

フォークとナイフで
食べたい！

ほかのレシピに比べるとたれに使う調味料がやや多めですが、やみつきになるおいしさをお約束します！ **このたれをもみ込んで5分漬けてから焼く**と、コクうまでうっとりするようなプルコギが完成するのです。

PART 1

豚こま切れ肉・豚切り落とし肉

おいしさが確約されてる！

豚こまのプルコギ

フライパン1つ　15分以内

材料（2人分）

豚こま切れ肉 …… 200g
もやし …… ½袋（100g）
にら …… ½把（50g）

A
酒、しょうゆ …… 各大さじ1と½
砂糖 …… 小さじ2
ごま油 …… 大さじ1
しょうが、にんにく（すりおろし） …… 各½かけ
片栗粉 …… 小さじ1

サラダ油 …… 小さじ2
すりごま（白） …… 適量

作り方

1. ポリ袋に**A**を入れて混ぜ合わせ、豚肉を加えてもみ込み、5分おく。にらは4cm長さに切る。
2. 冷たいフライパンにサラダ油を引いて1の豚肉を広げて入れる。中火でときどき肉の上下を返しながら焼く。
3. 肉に火が通ったらもやしを加えて1〜2分炒める。仕上げににら、漬け汁も加えてさっと炒める。器に盛り、すりごまをかける。

豚こまのから揚げって、鶏肉のから揚げに負けないくらいおいしいです。作ったことがないなんてソンしています！ **5分下味をつけたら、丸めて粉をまぶして揚げるだけ。**もちろんお値打ちの豚こま肉でもとびきりおいしい。

Point

ギュッと丸めてから粉をつけて

豚肉を手でギュッと丸めてから、合わせておいた粉を全体にまぶしつけて形を整えます。肉同士が結着してはがれにくくなり、失敗しません。

これ作らないなんてソン！

豚こまのから揚げ風

フライパン1つ　材料1つ　15分以内　お弁当向き

材料（8個分）

豚こま切れ肉 …… 300g

A
- 酒、しょうゆ …… 各大さじ1
- しょうが、にんにく（すりおろし） …… 各½かけ
- 塩、こしょう …… 各少々

片栗粉、薄力粉 …… 各大さじ1と½

サラダ油 …… 適量

作り方

1. ポリ袋に豚肉、**A**を入れてよくもみ込み、5分おく。バットに粉類を合わせておく。
2. [1]の肉を8等分にしてボール状に丸め、粉を全体にまぶし、形を整える。
3. フライパンにサラダ油を深さ2cmほど注いで170℃に熱し、[2]を入れる。3分ほど揚げて衣がかたまってきたら上下を返して3分ほど揚げ、油をよくきる。器に盛り、お好みでサラダ菜を添える。

みんなが大好きなしょうが焼きをお手頃な豚こま肉で。やわらかくジューシーに仕上げるコツは下味にあります。**塩、こしょう、片栗粉、ごま油をもみ込んだら、お肉をできるだけ広げながらさっと焼きます。**

Point

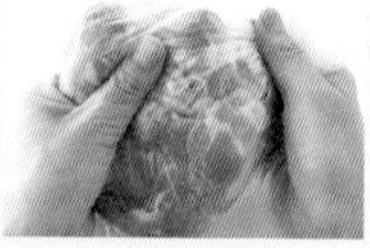

下味をつけてから焼く

ポリ袋に豚肉、塩、こしょう、片栗粉、ごま油の順に入れてもみ込み、下味をつけてから焼きます。仕上げにたれをからめると、よりジューシーさがアップ。

豚こま肉で十分おいしい！

豚こまのしょうが焼き

フライパン1つ　材料1つ　15分以内

材料（2〜3人分）

豚こま切れ肉 …… 300g
A 塩 …… 小さじ1/4
こしょう …… 少々
片栗粉 …… 大さじ1
ごま油 …… 小さじ1
サラダ油 …… 小さじ2
B しょうゆ …… 大さじ2
酒、みりん …… 各大さじ1
砂糖 …… 小さじ1
しょうが（皮ごとすりおろし） …… 1かけ

作り方

1. ポリ袋に豚肉を入れ、**A**を順にもみ込む。
2. フライパンにサラダ油を中火で熱し、1の豚肉をできるだけ広げながら入れて焼く。
3. 肉に火が通ったら、混ぜ合わせた**B**をまわし入れ、フライパンをゆすりながら全体にからめる。器に盛り、お好みで手でちぎったレタスを添える。

ごはんにのせてもおいしい!

レンジポークチャップ

材料(2人分)

豚こま切れ肉 …… 200g
玉ねぎ …… ½個
A
トマトケチャップ …… 大さじ4
酒 …… 大さじ2
ウスターソース …… 大さじ1
しょうゆ …… 小さじ2
片栗粉 …… 大さじ½
バター …… 10g
塩、こしょう …… 各適量

作り方

1 玉ねぎは繊維に垂直に5㎜厚さの薄切りにし、耐熱皿に広げて入れる。

2 豚肉にAをよくもみ込み、1の上に広げてのせる。ふんわりとラップをかけて電子レンジで6分加熱する。取り出してよく混ぜ、3分加熱してそのまま2分蒸らす。

3 器に2を盛り、お好みで粉チーズをかける。

親子丼に引けを取らない極上レシピ

とろ〜り豚こま卵とじ丼

材料(2人分)

豚こま切れ肉 …… 180g
長ねぎ …… ½本
卵 …… 3個
A
だし汁 …… ½カップ(100㎖)
みりん、しょうゆ …… 各大さじ2
砂糖 …… 小さじ2
温かいごはん …… どんぶり茶碗2杯分

作り方

1 長ねぎは斜め薄切りにする。卵は粗く溶きほぐす。

2 直径20㎝のフライパンにAを入れて混ぜ合わせ、中火にかける。煮立ったら豚肉、長ねぎを入れ、ときどき返しながら6分ほど煮る。1の溶き卵をまわし入れ、すぐにふたをして2〜3分蒸し煮にし、お好みの半熟状に仕上げる。

3 器にごはんをよそい、2をのせる。

カレー風味が食欲をかき立てる豚肉の洋風煮もの! **仕上げにクリームチーズを加えると、まろやかなコクが出ておいしいとろみがつきます。**野菜はおなじみのじゃがいもと玉ねぎを使います。

コスパ抜群なのに味はリッチ!

豚こまのカレークリーム煮

フライパン1つ

材料（2人分）

豚こま切れ肉 …… 200g
じゃがいも …… 1個
玉ねぎ …… ½個
にんにく（みじん切り） …… 1かけ
塩、こしょう …… 各適量
薄力粉 …… 大さじ1
サラダ油 …… 大さじ1と½
A 水 …… 1カップ（200mℓ）
酒 …… 大さじ2
カレー粉 …… 小さじ2
顆粒コンソメスープの素 …… 大さじ½
塩 …… 小さじ¼
牛乳 …… ¼カップ（50mℓ）
クリームチーズ（個包装タイプ） …… 2個

作り方

1. 豚肉に塩、こしょうを強めにふり、薄力粉をまぶす。じゃがいもは3mm厚さの輪切りにする。玉ねぎは薄切りにする。

2. フライパンにサラダ油大さじ1、にんにくを弱めの中火で熱し、1の豚肉をほぐしながら炒める。肉の色が変わったら、一度取り出す。

3. 2のフライパンに残りのサラダ油を中火で熱し、玉ねぎ、じゃがいもを炒める。全体に透き通ってきたら2の豚肉を戻し入れ、**A**を加えて混ぜる。煮立ったらふたをして弱めの中火で8分蒸し煮にする。ふたを取り、牛乳、クリームチーズをちぎって加え、混ぜながらとろみがつくまで4〜5分煮る。

肉に下味をつけて炒めるだけ!

豚こまのスタミナ炒め

材料(2人分)

豚こま切れ肉 …… 180g
ピーマン …… 2個
玉ねぎ …… ½個
A 塩、こしょう …… 各適量
片栗粉 …… 大さじ1
ごま油 …… 大さじ1
酒 …… 大さじ1
B しょうゆ …… 大さじ1
みりん …… 小さじ2
にんにく(すりおろし) …… 大1かけ

作り方

1. 豚肉にAを加えてもみ込む。ピーマンは縦半分に切ってから横1cm幅に切る。玉ねぎは薄いくし形切りにする。
2. フライパンにごま油大さじ1/2を中火で熱し、1の豚肉を入れて2分ほど炒めて一度取り出す。
3. 2のフライパンに残りのごま油を中火で熱し、玉ねぎ、ピーマンを炒める。油がまわったら、2の豚肉を戻し入れて酒をふり、ふたをして1分蒸し焼きにする。Bを加えて汁けをとばしながら炒め合わせる。器に盛り、お好みで粗びき黒こしょうをかける。

ビールに合うおつまみおかず

豚肉とねぎのチヂミ

材料(2人分)

豚切り落とし肉 …… 120g
玉ねぎ …… ½個
小ねぎ …… 5本
A 薄力粉 …… 大さじ4
片栗粉 …… 大さじ2
塩 …… 小さじ⅓
水 …… 大さじ3〜4
サラダ油 …… 大さじ2
ごま油 …… 小さじ1
しょうゆ、酢 …… 各適量

作り方

1. 豚肉は食べやすい大きさに切る。玉ねぎは薄切りにする。小ねぎは4cm長さに切る。
2. ボウルにAを入れて混ぜ合わせ、1を加えて混ぜる。
3. フライパンにサラダ油を引いて2を丸く流し入れ、中火にかける。そのままさわらずに揚げ焼きにし、焼き色がついたら裏返す。ごま油を足してヘラで押さえながらカリッとするまで焼く。食べやすい大きさに切って器に盛り、酢じょうゆをつけて食べる。

揚げ時間が短くてやわらかい！

ミルフィーユとんカツ

わが家のミルフィーユとんカツは、**豚薄切り肉にみそだれを塗って重ねていくのでソースいらず。**チーズと青じそとのコラボレーションは間違いないおいしさです。パン粉は全体に手で押しつけるようにしてつけ、少し休ませてから揚げます。

材料（2人分）

豚ロース薄切り肉 …… 10枚
スライスチーズ …… 2枚
青じそ …… 4枚
A｜みそ …… 小さじ4
　｜みりん …… 小さじ2
塩、こしょう …… 各適量
B｜薄力粉、牛乳 …… 各大さじ3
パン粉、サラダ油 …… 各適量

作り方

1. A、Bはそれぞれ混ぜ合わせておく。スライスチーズは半分に切る。
2. 豚肉は5枚で1組にする。豚肉1枚にAを塗り、青じそ1枚、豚肉1枚をのせてAを塗る。スライスチーズ1/2枚、豚肉1枚をのせ、Aを塗る。スライスチーズ1/2枚、豚肉1枚をのせてAを塗り、青じそ1枚、豚肉1枚をのせ、形を整える。同様にもう1組作り、全体に塩、こしょうをふる。
3. Bを全体にまんべんなくからめ、パン粉を押しつけるようにしてしっかりつけ、5分ほど休ませる。
4. フライパンにサラダ油を2〜3cm注いで160℃に熱し、3を入れて2分ほど揚げる。衣がきつね色になったら裏返して2分ほど揚げて油をよくきる。器に盛り、お好みで春菊の葉を摘み取って添える。

Point

パン粉は手でしっかりつける

パン粉は手で押しつけるようにしっかりつけ、少し休ませてから揚げます。こうするとチーズがはみ出ず、パン粉もはがれにくくなります。

とんカツは薄切り肉でいいかも!

豚バラに魔法をかけてくれるのがマヨしょうゆ。豚肉は先にカリッと焼き、ブロッコリーは同じフライパンで蒸し焼きにします。最後に2つをドッキングさせて、**しょうゆ、みりん、マヨネーズを1：1：1で混ぜたソース**を煮からめます。

フライパン1つであっという間！

豚バラとブロッコリーのマヨしょうゆ炒め

フライパン1つ　15分以内

■材料（2人分）

豚バラ薄切り肉 …… 200g
ブロッコリー …… ½株
塩、こしょう …… 各少々
サラダ油 …… 小さじ2
A しょうゆ、みりん、マヨネーズ …… 各大さじ1

■作り方

1. ブロッコリーは小房に分ける。豚肉は5cm幅に切る。
2. フライパンにサラダ油を中火で熱し、1の豚肉を広げて入れ、塩、こしょうをして焼く。両面がカリッとしてきたら一度取り出す。
3. 2のフライパンにブロッコリー、水大さじ3（分量外）を加え、煮立ったらふたをして弱めの中火で3分ほど蒸し焼きにする。2の豚肉を戻し入れ、混ぜ合わせた**A**を加えて煮からめる。

ごはんが進むねぎ塩味。**長ねぎは先に塩とごま油をまとわせてしっとりさせておきます。**豚肉をカリッと焼いたら、長ねぎは後入れでさっと炒め合わせて。こうするとねぎが水っぽくならず、香りよくフレッシュに仕上がります。

Point

先に塩とごま油をからめる

長ねぎに塩をまぶして5分おき、ごま油をからめてしっとりさせます。たったこれだけですが、豚肉と長ねぎのおいしさを加速させます。

味つけは塩とごま油とレモンだけ！

豚バラのねぎ塩炒め

フライパン1つ　15分以内

材料（2人分）

豚バラ薄切り肉 …… 200g
長ねぎ …… ⅔本
塩 …… 小さじ½
ごま油 …… 大さじ1
レモン（くし形切り） …… 2切れ

作り方

1. 長ねぎは5㎜厚さの斜め薄切りにし、塩をまぶして5分おき、ごま油大さじ1/2を混ぜておく。
2. 豚肉は5㎝幅に切る。
3. フライパンに残りのごま油を中火で熱し、2を広げて入れ、両面がカリッとするまで焼く。余分な脂を拭き取り、1を加えてさっと炒め合わせる。器に盛り、レモンを搾って食べる。

本来、厚切りの豚バラ肉を使うのがサムギョプサルですが、もっと気軽に食べたいので、**私は手に入りやすい薄切り肉をフライパンでカリッと焼きます。**後はたっぷりの野菜と特製だれでモリモリ食べるだけ。

薄切り肉で大大満足！

野菜もたっぷりとれちゃう！

豚薄切り肉でサムギョプサル

フライパン1つ　15分以内

材料（2人分）

豚バラ薄切り肉 …… 200g
塩、こしょう …… 各少々
ごま油 …… 大さじ½
A
- みそ …… 大さじ2
- コチュジャン …… 大さじ1
- ごま油 …… 大さじ1と½
- しょうゆ …… 小さじ1
- にんにく（すりおろし） …… ½かけ
- 豆板醤 …… 小さじ1～大さじ½

白菜キムチ、サニーレタス、サンチュ、青じそ …… 各適量

作り方

1. 豚肉は3等分に切り、塩、こしょうをふる。**A**は混ぜ合わせておく。
2. フライパンにごま油を中火で熱し、1の豚肉をこんがりと焼き色がつくまで両面を焼く。
3. 器に2を盛り、白菜キムチ、サニーレタス、サンチュ、青じそを添える。サンチュやサニーレタスにお好みの具と2をのせ、**A**をつけて巻いて食べる。

家族全員がこよなく愛する定番料理。**大根は棒状に切り、豚肉から出る脂と一緒に炒めてからフライパンで蒸し煮にします。**これだけで大根に豚肉のうまみが移って、短時間でも最上級のおいしさに。

ごはんがどれだけあっても足りない！

魅惑の豚バラ大根

フライパン1つ　作っておける　15分以内

材料（2人分）

豚バラ薄切り肉 …… 200g
大根 …… 6cm（300g）
ごま油 …… 小さじ2
A 水 …… ¾カップ（150mℓ）
オイスターソース、酒 …… 各大さじ2
しょうゆ …… 大さじ1
砂糖 …… 大さじ½

作り方

1 大根は5cm長さの棒状に切る。豚肉は5cm幅に切る。

2 フライパンにごま油を中火で熱し、1の豚肉を広げて焼く。肉の色が変わってきたら、大根を加えて豚肉から出た脂をからめるようにして2分ほど炒める。

3 2に**A**を加えて混ぜ、煮立ったらふたをして弱めの中火でときどき混ぜながら8分ほど蒸し煮にする。ふたを取り、火を強めて2分ほど煮からめる。器に盛り、お好みで小ねぎの小口切りをちらす。

肉巻きの魅力はなんと言っても肉と野菜のおいしさを無限に引き出せること！このレシピはアスパラのおいしさを堪能したいので、**塩、こしょう、カレー粉のシンプルな味つけでいただきます。**

おかずに困ったら迷わずコレ！

アスパラのシンプル肉巻き

フライパン1つ　15分以内

材料（2～3人分）

豚バラ薄切り肉 …… 4～5枚
アスパラガス …… 4～5本
にんにく（薄切り）…… 1かけ
片栗粉、塩、粗びき黒こしょう …… 各適量
オリーブオイル …… 大さじ1
酒 …… 大さじ1
A｜カレー粉、塩 …… 各小さじ1

作り方

1. アスパラガスは根元を少し切り落とし、かたい部分の皮をピーラーでむき、長さを半分に切る。豚肉も長さを半分に切る。
2. 1のアスパラガスに薄く片栗粉をふり、豚肉を巻きつける。手でギュッとにぎり、塩、粗びき黒こしょうをふる。
3. フライパンにオリーブオイル、にんにくを入れて弱めの中火で熱し、にんにくがきつね色になるまで焼き、取り出す。
4. 3のフライパンに2の巻き終わりを下にして入れて焼く。とじめがくっついたら転がしながら全体に焼き色をつける。酒をふり、ふたをして弱めの中火で3～4分蒸し焼きにする。器に盛り、3のにんにくを盛り合わせ、**A**、お好みでレモンのくし形切りを添える。

肉巻きバリエ

フライパン1つ　お弁当向き　15分以内

ジュワッと広がるうまみ♪

なすの中華風肉巻き

材料（8個分）

豚バラ薄切り肉 …… 8枚
なす …… 2本
塩、こしょう、薄力粉 …… 各適量
サラダ油 …… 大さじ1
酒 …… 大さじ2
A オイスターソース、水 …… 各大さじ1
しょうゆ、砂糖 …… 各小さじ1

作り方

1. なすは縦4等分に切り、皮目全体に浅く切り込みを入れ、塩、こしょうをふる。なすに豚肉を巻きつけ、手でギュッとにぎり、薄力粉をまぶす。全部で8個作る。
2. フライパンにサラダ油を中火で熱し、1の巻き終わりを下にして焼く。全体に焼き色がついたら酒をふり、ふたをしてときどき返しながら弱めの中火で5〜6分蒸し焼きにする。
3. 余分な脂を拭き取り、混ぜ合わせた**A**を加えて煮からめる。

チーズで食べごたえアップ！

甘辛チーズ肉巻き

材料（6個分）

豚ロース薄切り肉 …… 12枚
プロセスチーズ（個包装タイプ） …… 6個
青じそ …… 6枚
塩、こしょう、薄力粉 …… 各適量
サラダ油 …… 大さじ1
酒 …… 大さじ2
A しょうゆ …… 大さじ2
酒、みりん、砂糖 …… 各大さじ1

作り方

1. 豚肉は2枚1組にし、塩、こしょうをふる。縦横にクロスさせておき、青じそ1枚をのせてプロセスチーズ1個を置き、折りたたんで手で全体を軽くにぎる。全部で6個作り、薄力粉をまぶす。
2. フライパンにサラダ油を中火で熱し、1の巻き終わりを下にして焼く。全体に焼き色がついたら酒をふり、ふたをして弱めの中火でときどき返しながら5〜6分蒸し焼きにする。
3. 余分な脂を拭き取り、混ぜ合わせた**A**を加えて煮からめる。

冷凍フライドポテト入り！

ポテト肉巻き

材料（6個分）

豚ロース薄切り肉 …… 12枚
冷凍フライドポテト（細長いタイプ） …… 約50本（140g）
塩、こしょう、薄力粉 …… 各適量
サラダ油 …… 大さじ1
酒 …… 大さじ2
A マヨネーズ …… 大さじ1と½
トマトケチャップ …… 小さじ4
水 …… 大さじ1

作り方

1. 豚肉は2枚1組にし、塩、こしょうをふる。豚肉1枚に、凍ったままのフライドポテト1/6量をのせて巻く。さらに豚肉1枚で巻き、薄力粉をまぶす。全部で6個作る。
2. フライパンにサラダ油を中火で熱し、1の巻き終わりを下にして焼く。全体に焼き色がついたら酒をふり、ふたをしてときどき返しながら弱めの中火で7〜8分蒸し焼きにする。
3. 余分な脂を拭き取り、混ぜ合わせた**A**を加えて煮からめる。

夫も両親も大好きな豚汁。こだわりは2つあります。1つは**ごま油で根菜にじっくり焼き色がつくまで炒めること**。もう1つは**みそを先に加えて弱めの中火で煮ること**。これでとびきりおいしくなります！

Point

焼き色がおいしさの秘訣

根菜はごま油でじっくり焼き色がつくまでしっかり炒めます。この焼き色が肉のうまみと複雑にからみ合い、極上の味わいに。

これに白飯さえあれば何もいらない！

スペシャル豚汁♪

材料（作りやすい分量）

豚バラ薄切り肉 …… 120g
ごぼう …… 小1本
大根 …… 6cm（300g）
にんじん …… ⅓本
長ねぎ …… ½本
板こんにゃく（アク抜き済み）
　…… 小1枚
ごま油 …… 大さじ½
A　水 …… 4カップ（800mℓ）
　　みりん …… 大さじ1
みそ …… 大さじ4

作り方

1. ごぼうは軽く皮をこそげて斜め薄切りにし、さっと水にさらして水けをきる。大根とにんじんは8mm厚さのいちょう切りにし、長ねぎは小口切りにする。こんにゃくはさっと洗って水けをきり、スプーンでひと口大に切る。豚肉は5cm幅に切る。

2. 鍋にごま油を中火で熱し、豚肉を炒める。肉の色が変わってきたら、1のごぼう、にんじん、大根、こんにゃくを加え、根菜に焼き色がつくまで3〜4分炒める。

3. **A**を加えて煮立ったらアクを取り除き、みそを溶き入れて弱めの中火で4〜5分煮る。長ねぎを加えてひと煮立ちしたら火を止める。

豚肉はフツフツする火加減でゆでて！

豚しゃぶのサラダ梅風味

■材料（2人分）

豚ロースしゃぶしゃぶ用肉 …… 200g
水菜 …… 150g
ミニトマト …… 3〜4個
A 梅干し（種を取って包丁でたたく）…… 2個
めんつゆ（3倍濃縮）、水 …… 各大さじ2
砂糖 …… 大さじ½
ごま油、いりごま（白）…… 各大さじ1

■作り方

1. 鍋に湯を沸かし、沸騰したら酒、砂糖各大さじ1（ともに分量外）を加える。弱火にし、豚肉を1枚ずつ広げてゆで、火が通ったらざるにあげてそのまま冷ます。
2. 水菜は3cm長さに切る。ミニトマトは縦半分に切る。
3. 器に②を盛り合わせ、①をのせて混ぜ合わせたAをかける。

くったりキャベツがあま〜い！

豚バラとキャベツの小鍋風

■材料（2人分）

豚バラ薄切り肉 …… 160g
キャベツ …… ¼個
塩、こしょう …… 各少々
A 水 …… 1と½カップ（300mℓ）
酒 …… 大さじ1
鶏ガラスープの素、ごま油 …… 各大さじ½
にんにく（すりおろし）…… ½かけ

■作り方

1. キャベツはざく切りにする。豚肉は4cm幅に切り、塩、こしょうをふる。
2. 耐熱容器にA、①のキャベツを入れて混ぜる。その上に豚肉を広げてのせる。ふんわりとラップをかけ、電子レンジで3分30秒加熱する。取り出して混ぜ、3分30秒加熱する。お好みで粗びき黒こしょうをふる。

よだれ鶏もおいしいけれど、よだれ豚は作れないかな？ ふとこんな思いがよぎって生まれました。**とんカツ用肉にサラダ油をからめて3分30秒レンチンしたら、そのまま放置！** 余熱で火が通ってしっとりツヤツヤに。焼き肉のたれをベースにしたたれで、がっつりいただきましょう。

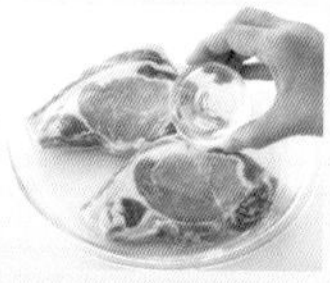

Point

オイル蒸しでそのまま放置

豚肉に先にサラダ油をからめてレンジで加熱します。後はラップをしたまま蒸らすだけ。これだけですが火の通りは絶妙です。

とんカツ用肉の新しい食べ方を発見！

レンジよだれ豚

レンチン　材料1つ

材料（2人分）

豚ロースとんカツ用肉 …… 2枚(260g)
A　塩 …… 少々
　　酒 …… 大さじ2
　　サラダ油 …… 小さじ2
しょうが(薄切り) …… 1枚
B　焼き肉のたれ、ポン酢しょうゆ …… 各大さじ2
　　ラー油 …… お好みの量

作り方

1. 豚肉は室温にもどし、筋切りをする。耐熱皿にのせて**A**を順にからめてしょうがをのせる。ふんわりとラップをかけて電子レンジで3分30加熱し、そのまま10分蒸らす。
2. ①の汁けをきって食べやすい厚さのそぎ切りにし、器に盛る。
3. **B**に①の蒸し汁大さじ1を加えて混ぜ、②にかける。お好みで香菜を添える。

ごはんが進むおかずが大好きな私の、秘蔵レシピ。**とんカツ用肉は包丁の背で軽くたたいて広げてから2cm幅くらいに切っていく**と、口に入れたときのやわらか～な食感を堪能できます。本当にあっという間に白米がなくなるので、ぜひ多めに炊いてください。

おにぎりやラーメンの具にもなる!

ゴロゴロピリ辛豚みそ

フライパン1つ　作っておける　冷凍できる

■材料（作りやすい分量）

豚ロースとんカツ用肉 …… 3枚（390g）
レタス …… 2～3枚
ごま油 …… 大さじ½
A みそ、酒、みりん …… 各大さじ1
しょうゆ …… 大さじ½
砂糖 …… 小さじ1
豆板醤 …… 小さじ½

●冷蔵4日
●冷凍2週間

■作り方

1 豚肉は包丁の背で両面を軽くたたき、2cm幅に切る。長いところは半分に切る。

2 フライパンにごま油を中火で熱し、1を入れる。出てくる脂を拭き取りながら、両面がカリッとするまで4～5分焼く。

3 余分な脂を再度拭き取り、混ぜ合わせた**A**を加え、全体に煮からめる。器に手でちぎったレタスを敷いて盛りつける。

じっくり加熱でお肉やわらか♫♫

ポークソテーは「冷たいフライパンから」「弱めの中火で」と覚えましょう。片面3〜4分かけて、じっくりとお肉に火を通します。やわらかな食感になって、面倒な筋切りをしなくても反り返りにくいですよ。

Point

冷たいフライパンで焼き始めて

冷たいフライパンに油を塗ってから豚肉を弱めの中火で焼き始めます。しっとりジューシーに仕上げるにはコレが一番です。

うまみたっぷりのソースでランクアップ！

ポークソテー和風きのこソース

フライパン1つ　15分以内

材料（2人分）

豚ロースとんカツ用肉 …… 大2枚（300g）
マッシュルーム …… 5個
にんにく（粗みじん切り） …… 1かけ
塩、こしょう …… 各少々
サラダ油 …… 大さじ1
バター …… 15g
A しょうゆ、みりん …… 各大さじ2

作り方

1 豚肉は焼く15分前に室温にもどし、包丁の背で両面を軽くたたき、焼く直前に塩、こしょうをふる。マッシュルームは根元を少し切り、薄切りにする。

2 冷たいフライパンにサラダ油大さじ1/2を塗り、1の豚肉を盛りつけたとき上になるほうを下にして入れる。

3 弱めの中火にかけ、フライパンをゆすりながら3〜4分焼く。焼き色がついたら、出てきた脂と水分を軽く拭き取り、残りの油を足して裏返して3〜4分焼き、器に盛る。

4 3のフライパンにバターとにんにくを入れて中火にかけ、香りが出てきたらマッシュルームを2分炒める。Aを加えて混ぜ、少しとろみがついたら3の豚肉にかける。お好みでミニトマト、フライドポテトを添える。

豚バラ薄切り肉でもいいですが、とんカツ用肉で作るのがこのレシピの肝。豚バラ肉よりもボリュームが出ますし、おいしい脂となすとの相性がたまりません。**包丁の背でたたいて2cm幅に切って、片栗粉をまぶして炒めます。**

上品な脂に心奪われる

豚肉となすの照り照り炒め

フライパン1つ　15分以内

■材料（2人分）

豚ロースとんカツ用肉 …… 2枚(260g)
なす …… 2本
塩、こしょう、片栗粉 …… 各適量
サラダ油 …… 小さじ2
A | みりん、しょうゆ …… 各大さじ2
砂糖 …… 大さじ½

■作り方

1 豚肉は包丁の背で両面を軽くたたき、2cm幅に切る。塩、こしょうを強めにふり、片栗粉をまぶす。なすは縦半分に切ってから4等分に切る。

2 フライパンにサラダ油を中火で熱し、1の豚肉を焼く。全体にカリッと焼き色がついたら、豚肉の横でなすを2分ほど炒める。

3 なすにも焼き色がついたら、余分な脂を拭き取る。混ぜ合わせた**A**を加え、全体に照りが出るまでからめながら炒め合わせる。

手間はかかるけど作った甲斐はあります！

これぞ至福！豚の角煮

フライパン＆鍋　作っておける　冷凍できる

年に何度か作りたくなる角煮。**肉に塩をふったら表面をこんがり焼きつけます。**これで余分な脂が抜けて、うまみも閉じ込めることができます。薄切りにした玉ねぎ1個と一緒に煮れば、びっくりするほどやわらかなぷるぷる食感に！煮込み時間が長いので、心に余裕のある日にぜひ。

材料（作りやすい分量）

豚バラかたまり肉 …… 800g
玉ねぎ …… 1個
塩 …… 適量
サラダ油 …… 大さじ2

A
長ねぎ（青い部分）…… ½本
しょうが（皮ごと薄切り）…… 1かけ

B
水 …… 1と½カップ（300㎖）
しょうゆ …… 大さじ6
砂糖 …… 大さじ4
酒 …… 大さじ3
酢 …… 大さじ1

ゆで卵 …… 3〜4個

作り方

1 玉ねぎは薄切りにする。豚肉は室温にもどし、塩をふる。フライパンにサラダ油を中火で熱し、豚肉の脂身を下にして入れ、こんがりと焼き色がつくまで焼く。トングで返しながら全体に焼き色がつくまで焼く。

2 鍋に1の豚肉と**A**を入れ、かぶるくらいの水（分量外）を注ぎ、強火にかける。煮立ったらアクを取り除き、ペーパータオルで落としぶたをしてふたをずらしてのせ、弱火で1時間〜1時間30分煮る。途中、水分が足りなくなったら水適量（分量外）を足す。

3 粗熱がとれたら2の鍋から豚肉を取り出し、さっと洗って水けをきり、5㎝幅に切る。ゆで汁は脂を取り除いて1カップ分、取っておく。

4 2の鍋をきれいにし、3の豚肉、ゆで汁、**B**、玉ねぎを入れて中火にかける。煮立ったらアクを取り除き、湿らせたペーパータオルをのせてふたをずらしてのせ、弱火で50分〜1時間煮る。途中肉の上下を返す。

5 鍋から豚肉を取り出し、煮汁が半量になるまで煮つめ、4の豚肉とゆで卵を漬ける。器に盛り、お好みでさっとゆでた小松菜を添える。

● 冷蔵5日
● 冷凍2週間（※ゆで卵は除く）

Point

油で余分な脂を抜く

豚肉に塩をふり、全方位に焼き色がつくまで焼きます。このとき、フライパンにサラダ油を熱してから焼くことで余分な脂が抜けます。

箸で切れるほどやわらかでぷるっぷる

家の近くにあるオステリアで食べる、おいしい牛肉のビール煮込み。自宅で豚肩ロースを使ってかんたんに再現しました。大きめに切って焼いてから、**少し茶色く炒めた玉ねぎと一緒にビール1缶で煮るだけ！**ビールで煮込めばお肉がやわらかくホロホロの食感になります。

フライパン1つ　作っておける

ビール酵母と玉ねぎの力でお肉やわらか！

ホロホロ豚肉のビール煮込み

■材料（作りやすい分量）

豚肩ロースかたまり肉 …… 600g
玉ねぎ …… 1個
にんにく（みじん切り）…… 1かけ
塩 …… 小さじ½
こしょう …… 適量
薄力粉 …… 大さじ1
サラダ油 …… 大さじ1
バター …… 10g
A 生ビール …… 1缶（350㎖）
水 …… ¼カップ（50㎖）
酢 …… 大さじ2
顆粒コンソメスープの素、砂糖 …… 各大さじ1
塩、こしょう …… 各適量

■作り方

1 豚肉は6等分に切って塩、こしょうをすり込み、薄力粉をまぶす。玉ねぎは薄切りにする。

2 フライパンにサラダ油を中火で熱し、1の豚肉を両面合わせて3〜4分焼く。焼き色がついたら、一度取り出す。

3 2のフライパンにバターを弱めの中火で溶かし、1の玉ねぎを少し茶色くなるまで4分ほど炒める。にんにくも加えて1分ほど炒める。

4 3に2の豚肉を戻し入れ、**A**を加えて強火にする。煮立ったら弱火にしてふたをし、途中2〜3回上下を返しながら1時間ほど蒸し煮にする。器に盛り、お好みで生クリーム、粗びき黒こしょうをかけ、粒マスタードを添える。

●冷蔵4日

スペアリブって大変そうなイメージですか？ 見映えも食べごたえも申し分ないのに、実はとてもかんたんです。**片方だけ、切り込みを入れて包丁の背で軽くたたきます。**お肉をやわらかくする玉ねぎだれに5分漬けたら、後は7〜8分蒸し焼きにしてたれを煮からめれば完成！

Point

この下処理でジューシーに

切り込みを全体に入れると骨から肉がはずれてしまうので、片方だけでOK！ 後はフォークで全体を刺して包丁の背で軽くたたきます。

手軽なのにごちそう感がハンパない！

豚スペアリブの BBQ ソース

材料（作りやすい分量）

豚スペアリブ …… 6〜8本(600g)

A
- にんにく(すりおろし) …… ½かけ
- 玉ねぎ(みじん切り) …… ½個
- ウスターソース、トマトケチャップ …… 各大さじ2
- しょうゆ …… 大さじ1と½
- 砂糖 …… 大さじ½
- 塩 …… 小さじ½
- こしょう …… 少々
- オリーブオイル …… 大さじ1

オリーブオイル …… 小さじ2

作り方

1. 豚スペアリブは片方だけ包丁の先で切り込みを入れ、フォークで全体を刺し、包丁の背で軽くたたく。
2. ポリ袋に[1]と**A**を入れてよくもみ込み、5分おく。
3. フライパンにオリーブオイルを引いて[2]のたれをぬぐって入れる。弱火で熱して全体に肉の色が変わったら、ふたをしてときどき上下を返しながら8〜9分蒸し焼きにする。
4. 袋に残ったたれを加え、中火で煮からめる。

乱切りピーマンでボリュームもアップ！

牛こまのチンジャオロースー

フライパン1つ　15分以内

たけのこは入れない、ピーマンも細切りにしないのがわが家のチンジャオロースー。牛肉のうまみを味わうには、このくらいのシンプルさがちょうどいいんです。ごま油や片栗粉をもみ込んで下味をつければ、お値打ちのこま切れ肉や切り落とし肉がまるで高級和牛のやわらかさ！

材料（2人分）

牛切り落とし肉 …… 200g
ピーマン …… 4〜5個
A しょうゆ …… 小さじ1
　酒 …… 大さじ1
　ごま油、片栗粉 …… 各小さじ1
サラダ油 …… 大さじ1
B オイスターソース …… 大さじ1と½
　酒 …… 大さじ1
　砂糖 …… 小さじ½
　にんにく（すりおろし） …… ½かけ

作り方

1. ポリ袋に牛肉を入れて**A**を順に加えてよくもみ込む。ピーマンは乱切りする。
2. フライパンにサラダ油を中火で熱し、1の牛肉を入れ、ほぐしながら2分ほど炒め、一度取り出す。
3. 2のフライパンにピーマンを入れ、中火で炒める。全体に油がまわったら2を戻し入れ、混ぜ合わせた**B**を加えて手早く炒める。

Point

定番の作り方にとらわれない！

牛肉にはあらかじめ下味をつけてから炒め、ピーマンは細切りではなく、あえて乱切りにするのがコツ。すべてはおいしさのためです。

たどり着いた、シンプルな組み合わせ

青じそと相性バツグン！

東京に住む叔母がよく作ってくれた牛肉の青じそ巻き天ぷら。それをアレンジしたのが牛こま青じそカツです！ **牛こまを青じそで包むので、食べごたえはあるのにしつこくない。**ポン酢しょうゆをかけるとペロリとイケちゃいます。

PART 1

牛こま切れ肉・牛切り落とし肉

ポン酢しょうゆでさっぱりいただきます

牛こま青じそカツ

フライパン1つ　お弁当向き　15分以内

材料（2人分）

牛こま切れ肉 …… 200g
青じそ …… 6枚
A｜塩 …… 小さじ⅓
　｜酒、片栗粉 …… 各大さじ1
B｜溶き卵 …… 1個分
　｜薄力粉 …… 大さじ3
　｜牛乳 …… 大さじ1
パン粉、サラダ油、ポン酢しょうゆ …… 各適量

作り方

1. ポリ袋に牛肉、**A**を入れてよくもみ込む。6等分にしてから平たくしてギュッとまとめ、青じそで包む。全部で6個作る。
2. バットに**B**を入れてよく混ぜ、1の全体にまんべんなくからめ、パン粉をしっかりとまぶしつける。
3. フライパンにサラダ油を深さ2cmほど注いで170℃に熱し、2をときどき返しながら4～5分揚げ、油をよくきる。器に盛り、ポン酢しょうゆをかける。

初心者でも作れるスパイスカレー。**用意するスパイスはカレー粉とガラムマサラだけ**。あとはにんにくやしょうが、家にある調味料で作れます。今回は牛切り落とし肉を使いましたが、鶏もも肉や豚薄切り肉でもOK！

思い立ったらすぐできる！

ビーフスパイスカレー

フライパン1つ　作っておける

材料（2〜3人分）

牛切り落とし肉 …… 350g
玉ねぎ …… 大1個
トマト …… 大1個
塩、こしょう …… 各適量
薄力粉 …… 大さじ1
サラダ油 …… 大さじ2

A
- カレー粉 …… 大さじ2と$\frac{1}{2}$
- ガラムマサラ …… 小さじ1
- 塩 …… 小さじ2
- 砂糖 …… 大さじ$\frac{1}{2}$

B
- にんにく（みじん切り）…… 2かけ
- しょうが（みじん切り）…… 1かけ
- 水 …… 2カップ（400mℓ）

牛乳 …… $\frac{1}{4}$カップ（50mℓ）
温かいごはん …… 適量

作り方

1. 玉ねぎは縦半分に切ってから薄切りにする。トマトはざく切りにする。牛肉に塩、こしょうを強めにふり、薄力粉をまぶす。
2. フライパンにサラダ油大さじ1を中火で熱し、1の牛肉を炒め、表面に焼き色がついたら一度取り出す。
3. 2に残りのサラダ油を足して中火で熱し、玉ねぎを加えて少し焼き色がつくまで炒める。トマトを加えて煮崩れるまで炒め、**A**を加えてさっと炒める。
4. **B**を加えて混ぜたら2の牛肉を戻し入れる。煮立ったらふたをし、弱めの中火でときどき混ぜながら10分ほど蒸し煮にする。仕上げに牛乳を加えて2分ほど煮る。器にごはんと一緒に盛り合わせる。

牛肉と野菜のうまみを吸った春雨が絶品のチャプチェ。おいしく手間を省きたいので、**春雨は熱湯でもどさず**、具材を炒めたフライパンにそのまま加えて蒸し煮にします。野菜は中途半端に残っているものでいいですよ！

Point

春雨はもどさずに投入

春雨はそのまま加え、煮汁を吸わせながらもどしていきます。手軽なうえに、水っぽくならずもちもちに仕上がります。

春雨の歯ごたえがもっちもち！

具だくさんチャプチェ

■材料（2～3人分）

牛切り落とし肉 …… 180～200g
緑豆春雨（乾燥・ショートタイプ） …… 60g
にんじん …… 5㎝
にら …… ½把
ごま油 …… 大さじ1
A
水 …… ½カップ（100㎖）
しょうゆ …… 大さじ2
酒、砂糖 …… 各大さじ1
オイスターソース …… 小さじ2
鶏ガラスープの素 …… 小さじ1
いりごま（白） …… 大さじ1

■作り方

1. にんじんは細切りにする。にらは4～5㎝長さに切る。
2. フライパンにごま油を中火で熱し、牛肉を炒める。肉の色が変わったら、にんじんを加えて炒め合わせる。
3. にんじんに油がまわったら**A**、春雨を熱湯でもどさずに加え、ふたをして弱めの中火で4～5分蒸し煮にする。にら、ごまを加えて、汁けをとばしながら炒め合わせる。

こってり味を体が欲しているときはオイマヨに決まり！**「肉と野菜1つ」**と決めてパパっと炒めちゃいます。**オイマヨは本当に万能**で、牛肉以外に豚肉、かじき、えびにも合います。疲れちゃった日は「オイマヨ」を思い出してください。

やみつきおかずの決定版！

牛肉とチンゲン菜のオイマヨ炒め

フライパン1つ　15分以内

材料（2人分）

牛切り落とし肉 …… 200g
チンゲン菜 …… 1〜2株
A 塩 …… 小さじ$\frac{1}{4}$
　こしょう …… 少々
　薄力粉 …… 大さじ1
サラダ油 …… 大さじ1
B オイスターソース、マヨネーズ …… 各大さじ1
　酒…… 大さじ$\frac{1}{2}$

作り方

1. 牛肉に**A**をよくもみ込む。チンゲン菜は葉と茎に分け、葉はざく切りにし、茎は縦4〜6等分に切る。
2. フライパンにサラダ油を中火で熱し、[1]の肉を炒める。色が変わったらチンゲン菜を茎、葉の順に加えて炒め合わせる。
3. チンゲン菜に油がまわったら、混ぜ合わせた**B**を加えて炒め合わせる。

肉じゃがと言えば、普通、じゃがいもは乱切り。でも**半月切りにすれば、火の通りも早くなって、焼き色がつけやすくなります。**この焼き色がおいしい香ばしさに変わり、いつもの肉じゃがが極上になるんです。

Point

焼いてから煮るのがコツ

じゃがいもは半月切りにして両面に焼き色をつけてから蒸し煮にします。この焼き色こそがうまみアップにつながります。

じゃがいもの焼き色が大事です

濃厚★焼き肉じゃが

材料（2人分）

牛切り落とし肉 …… 200g
じゃがいも …… 2個
玉ねぎ …… ½個
A しょうゆ、酒 …… 各小さじ1
サラダ油 …… 大さじ½
B だし汁 …… ½カップ（100mℓ）
酒 …… 大さじ1
しょうゆ …… 大さじ2と½
みりん …… 大さじ1と½
砂糖 …… 小さじ2

冷蔵3日

作り方

1 牛肉に**A**をもみ込む。じゃがいもは1㎝厚さの半月切りにし、さっと洗って水けをきる。玉ねぎはくし形切りにする。

2 フライパンにサラダ油を中火で熱し、1のじゃがいもを入れて両面を3分ほど焼く。焼き色がついたら牛肉、玉ねぎを加えて炒め合わせる。

3 肉の色が変わったら**B**を加える。煮立ったら湿らせたペーパータオルをのせ、ふたもずらしてのせ、弱めの中火で8～10分蒸し煮にする。ふたを取り、火を強めて煮からめる。

濃いめの甘辛味！ 作りおきにも◎

牛肉とれんこんのしぐれ煮

■材料（作りやすい分量）

牛切り落とし肉 …… 200g
れんこん …… 100g
しめじ …… 小1パック
サラダ油 …… 小さじ2
酒 …… 大さじ3

A
しょうが（粗みじん切り） …… 1かけ
しょうゆ …… 大さじ2と½
みりん …… 大さじ1と½
砂糖 …… 大さじ1

■作り方

1 れんこんは薄いいちょう切りにし、水にさらして水けをきる。しめじは石づきを取り、手でほぐす。

2 フライパンにサラダ油を中火で熱し、[1]の牛肉を炒める。色が変わったら、れんこんとしめじを加えて2分ほど炒める。

3 [2]に酒を加えて煮立ったら**A**を加え、ふたをしてときどき混ぜながら弱めの中火で汁けがなくなるまで6〜7分蒸し煮にする。器に盛り、お好みでかつお節をかける。

●冷蔵4〜5日

疲れているときに食べたい！

牛こまの肉吸い

■材料（2人分）

牛こま切れ肉 …… 180g
絹ごし豆腐 …… 小1丁（130g）
小ねぎ …… 4本
しょうが（せん切り） …… 1かけ

A
だし汁 …… 2と½カップ
しょうゆ …… 大さじ1と½
みりん …… 大さじ1
塩 …… 小さじ½

■作り方

1 鍋に湯（分量外）を沸かし、牛肉を入れてさっと下ゆでし、ざるにあげる。

2 豆腐は2cm角に切る。小ねぎは小口切りにする。

3 [1]の鍋をさっと洗い、**A**を入れて中火にかける。煮立ったら[1]、[2]の豆腐、しょうがを加え、アクが出たら取り除き、弱火で2〜3分煮る。仕上げに小ねぎを加えて火を止める。

肉や野菜が中途半端に余ったとき。炒めものもいいですが、ピリ辛クッパをよく作ります。**牛肉を炒めたら野菜と一緒にピリ辛スープで煮るだけ!** 私はいつもチンした冷凍ごはんの上にかけて食べちゃいます。

冷蔵庫の整理にもなっちゃう!

牛こまピリ辛クッパ

鍋1つ　15分以内

■材料（2人分）

牛こま切れ肉 …… 150g
にんじん …… ⅓本
大根 …… 4cm
にら …… ½束
卵 …… 1個
ごま油 …… 小さじ1
塩、こしょう …… 各適量
A 水 …… 2と¼カップ（450mℓ）
　にんにく（すりおろし） …… 1かけ
　しょうゆ、コチュジャン …… 各小さじ4
　顆粒中華スープの素 …… 小さじ1
　塩、こしょう、砂糖 …… 各適量
温かいごはん …… 茶碗2杯分

■作り方

1. にんじんと大根は4cm長さの短冊切りにし、にらは5cm長さに切る。卵は溶きほぐす。
2. 鍋にごま油を中火で熱し、牛肉を入れて塩、こしょうをして炒める。肉の色が変わったら、にんじん、大根を加えて炒め合わせる。
3. 野菜に油がまわったら、**A**を加える。煮立ったら、弱めの中火でふたをして6〜8分煮る。にらを加えてさっと煮、溶き卵をまわし入れて1〜2分煮て火を止める。
4. 器にごはんをよそい、3をかけて食べる。

牛肉は脂身があるほうがうまい！

牛肉と大根のレンチン煮

材料（2人分）

牛切り落とし肉 …… 180g
大根 …… 6〜7㎝（300g）
酒 …… 大さじ1

A
しょうゆ、オイスターソース …… 各大さじ1
鶏ガラスープの素 …… 小さじ1
砂糖 …… 小さじ½

作り方

1. 牛肉に**A**をもみ込む。
2. 大根は5㎜厚さのいちょう切りにし、耐熱皿に並べる。酒をふり、ふんわりとラップをかけて電子レンジで5分加熱する。
3. 取り出して牛肉を広げてのせてふんわりとラップをかけ、電子レンジで3〜4分加熱する。取り出して混ぜてそのまま2分蒸らす。器に盛り、お好みで小ねぎの斜め切りをのせる。

肉に下味をつけてから炒めて

塩プルコギ

材料（2人分）

牛こま切れ肉 …… 180g
パプリカ（赤） …… ½個
豆苗 …… 1パック
しいたけ …… 3個

A
しょうが、にんにく（すりおろし） …… 各½かけ
酒 …… 大さじ2
ごま油 …… 大さじ1と½
鶏ガラスープの素 …… 大さじ½
塩 …… 小さじ¼
砂糖、片栗粉 …… 各小さじ1

作り方

1. ポリ袋に**A**を入れてもみ混ぜ、牛肉を加えてもみ込み、5分おく。パプリカはひと口大の乱切りにする。しいたけは石づきを取り、縦4〜5等分に切る。豆苗は長さを半分に切る。
2. フライパンに[1]の牛肉を広げて入れ、中火で炒める。肉に火が通ったらパプリカ、しいたけを加えて炒め、豆苗も加えてさっと炒める。
3. 器に[2]を盛り、お好みでいりごまをちらす。

PART 1

牛焼き肉用肉・牛ステーキ用肉

お値打ち牛ならお任せください

「お財布にやさしいお肉を、いかにおいしく食べるか」を研究しました。**焼く30分前からごま油入りのたれに漬け込みながら室温にもどす**と、口当たりがやわらかに！ 大量には焼かず、5枚くらいずつ。肉のまわりに肉汁がうっすら見えてきたら裏返すサインです。

Point

室温にもどしながら漬ける

焼く30分前に肉を冷蔵庫から出して漬け込み、室温にもどします。こうすると肉質がグッとやわらかくなります。

野菜もたっぷりとれて栄養満点！

フライパン焼き肉サラダ

フライパン1つ

材料（2～3人分）

牛焼き肉用肉 …… 200～250g
レタス …… 3枚
水菜 …… 1～2株
パプリカ（赤） …… ¼個
サラダ油 …… 適量
A しょうゆ …… 大さじ2
酒、砂糖、ごま油、いりごま（白） …… 各大さじ1
にんにく（すりおろし） …… ½かけ
B ポン酢しょうゆ …… 大さじ1
ごま油 …… 小さじ1

作り方

1 牛肉は包丁の背で軽くたたく。チャック付き保存袋にAを入れて混ぜ、肉を加えて室温にもどしながら30分漬け込む。

2 レタスは手でちぎり、水菜は4cm長さに切り、パプリカは細切りにする。器にすべて盛り合わせておく。

3 フライパンを少し煙が出るまで熱し、一度火を止める。サラダ油をなじませて中火で熱し、1を5枚ほど並べて焼き、肉の周りに肉汁がうっすら見えてきたら裏返す。表面に焼き色が少しついたら、もう一度裏返して軽く焼く。残りも同様に焼く。

4 2に3をのせ、混ぜ合わせたBをかける。

これぞ丼の最高峰！**牛肉の両面を焼いたら5分ほどしっかり休ませてください。**おいしい肉汁を閉じ込めることができ、噛みしめるたびに思わずうっとり！今日は背徳感を気にせずに食べてください。

バターじょうゆがジュワッとからむ

牛ステーキ丼バターじょうゆ味

■材料（2人分）

牛ランプなど赤身ステーキ用肉
…… 2枚（厚さ1～1.5cmで合計360g）
塩 …… 小さじ½強
粗びき黒こしょう …… 適量
サラダ油 …… 大さじ½
A にんにく（すりおろし）…… 1かけ
みりん、しょうゆ …… 各大さじ3
水 …… 大さじ2
バター …… 20g
温かいごはん …… 400g

■作り方

1. 牛肉は焼く15分前に室温にもどし、包丁の先か大きめのフォークで両面に細かく穴を刺しておく。焼く直前に塩、粗びき黒こしょうをふる。
2. フライパンにサラダ油を引いて煙が出るまで強めの中火で熱し、1を盛りつけたときに表になる側を下にして入れる。1分焼いたら、裏返して1分焼き（厚さ1.5cmなら片面1分30秒ずつが目安）、取り出してそのまま5分休ませる。
3. 2のフライパンに**A**を煮立たせ、バターを加えて溶かす。
4. 器にごはんをよそい、お好みで青じそのせん切り、いりごまをちらす。2を食べやすい大きさに切ってのせ、3をかける。

赤身のお肉を最高の口当たりにする秘訣があります。室温にもどしてから大きめのフォークや包丁の先で両面に細かく穴を刺すと、極上のやわらかさを堪能できます。塩、こしょうは焼く直前に強めにふるとうまみが逃げません。

プロも唸る極上ステーキ

Point

牛肉の表裏に細かく穴を刺す

室温にもどした牛肉に大きめのフォークか包丁の先で両面に細かく穴を刺すのがコツ。これだけで焼いてもかたくならずジューシーに。

もう霜降り肉は買わなくてもいい!?

牛ステーキ赤ワインソース

フライパン1つ

■材料（2人分）

牛ランプなど赤身ステーキ用肉
…… 2枚（厚さ1〜1.5㎝で合計360g）
にんにく（薄切り）…… 1〜2かけ
塩 …… 小さじ1/2強
粗びき黒こしょう …… 適量
サラダ油 …… 大さじ2
A 赤ワイン …… 大さじ4
みりん、水 …… 各大さじ1
しょうゆ …… 大さじ2
バター …… 20g

■作り方

1. 牛肉は焼く15分前に室温にもどし、大きめのフォークか包丁の先で両面に細かく穴を刺しておく。焼く直前に塩、粗びき黒こしょうをふる。
2. フライパンにサラダ油大さじ1を弱めの中火で熱し、にんにくを入れて薄く色づいてきたら取り出す。
3. [2]のフライパンに残りのサラダ油を引いて煙が出るまで強めの中火で熱し、[1]を盛りつけたときに表になる側を下にして入れる。1分焼いたら、裏返して1分焼き（厚さ1.5㎝なら片面1分30秒ずつが目安）、器に盛る。
4. [3]のフライパンにAを煮立たせ、バターを加えて溶かす。[3]の肉に[2]のにんにくをのせてからかける。お好みでレンジ加熱したスナップえんどう、薄切りにした生のカリフワラーを添える。

甘辛の焼き肉だれで食べるのもおいしいけど、特製ねぎ塩レモンだれもこれまた格別です。**たれは塩、鶏ガラスープの素が溶けたのを確認してから長ねぎと合わせてください。** さっぱりしているのでいくらでも食べられます。

ねぎどっさり＆レモン風味でさっぱり！

特製ねぎ塩レモン焼き肉

フライパン1つ　15分以内

材料（2～3人分）

牛焼き肉用肉 …… 250～300g
塩、こしょう …… 各適量
サラダ油 …… 小さじ2
A
長ねぎ（粗みじん切り） …… 3/4～1本
塩 …… 小さじ1
ごま油 …… 大さじ4
レモン汁 …… 大さじ2
鶏ガラスープの素 …… 小さじ1/4

作り方

1 **A**は長ねぎ以外をよく混ぜ合わせる。塩、鶏ガラスープの素が溶けてから長ねぎを加えてあえておく。

2 牛肉に塩、こしょうをふる。フライパンにサラダ油を中火で熱し、牛肉を入れて火が通り、焼き色がつくまで焼く。

3 1に2を加えてあえ、なじませる。

甘辛みそだれとも相性バツグン！

チーズイン鶏ねぎつくね

フライパン1つ　作っておける　お弁当向き

■材料（6個分）

鶏ひき肉 …… 300g
クリームチーズ（個包装タイプ）…… 3個
塩 …… 小さじ½
A マヨネーズ …… 大さじ1と½
片栗粉、酒 …… 各大さじ1
しょうが（すりおろし）…… 1かけ
小ねぎ …… 5本
サラダ油 …… 大さじ1
B みりん、しょうゆ …… 各大さじ1と½
砂糖 …… 大さじ½
みそ …… 小さじ1

■作り方

1 クリームチーズは半分に切る。小ねぎは小口切りにする。

2 ボウルにひき肉と塩を入れて粘りが出るまで混ぜる。**A**を加えてさらに混ぜ、小ねぎも混ぜる。6等分にして1を肉だねの中心に入れて包み、手に水適量（分量外）をつけ、小判形に整える。全部で6個作る。

3 フライパンにサラダ油を引いて2を入れて中火で熱し、2分ほど焼く。焼き色がついてきたら裏返し、水大さじ3（分量外）をふり入れ、ふたをして弱めの中火で6〜8分蒸し焼きにする。混ぜ合わせた**B**を煮立たせ、全体にからめる。

●冷蔵3日

私も大好きなおかず。冷めてもやわらかで口当たりのいいつくねを作るコツは、**鶏ひき肉にマヨネーズと片栗粉を入れて混ぜること**。たったこれだけのことで、お肉がかたくならないのです。中に入れたクリームチーズと甘辛だれの相性がよすぎて、お箸が止まらなくなります。

Point

マヨネーズ、片栗粉を混ぜ込む

ひき肉に塩を混ぜてから、マヨネーズ、片栗粉を混ぜ込んでください。冷めてもかたくなりづらく、やわふわのつくねになります。

人が集まるときにも
喜ばれる

塩味の肉詰めが作りたくて編み出したレシピ。**冷凍ストックしてある明太子を加えてピリ辛仕立て**にしました。しいたけのカサの裏側に薄力粉をふり、肉だねをのせて手でしっかりと押さえるとはがれにくくなります。

肉厚のしいたけがジューシー!

しいたけの肉詰め焼き

材料（8個分）

豚ひき肉 …… 150g
しいたけ …… 8個
塩 …… 小さじ1/3
薄力粉 …… 適量
A 酒、片栗粉 …… 各大さじ1
ごま油 …… 小さじ1
辛子明太子（薄皮から身をこそげ出す）…… 1腹(60g)
長ねぎ（粗みじん切り）…… 1/3本
サラダ油 …… 大さじ1

冷蔵３日
冷凍2週間

作り方

1 しいたけは軸を取り、カサの裏側に十文字に切り込みを入れ、薄力粉をまぶす。

2 ボウルにひき肉と塩を入れて粘りが出るまで混ぜ、**A**も加えて混ぜる。8等分にして[1]の上にのせ、手でしっかりと押さえる。さらに肉だねの上にも薄力粉をふる。全部で8個作る。

3 フライパンにサラダ油を引き、[2]の肉だねの面を下にして入れ、中火にかける。1～2分焼いて焼き色がついてきたら裏返す。水1/2カップ（100mℓ・分量外）を注ぎ、ふたをして弱めの中火で7～8分蒸し焼きにする。

レシピ作家の私でも、包むのが面倒なことがあります。これは**シュウマイの皮を細切りにして肉だねにまぶすだけ**なのでラク！ 蒸し器を持っていなくても、蒸したてのジューシーなシュウマイがおうちで食べられます。世代を問わずファンが多いレシピです。

Point

細切りの皮をまぶすだけ！

肉だねに細切りにしたシュウマイの皮をまぶしつけ、軽くにぎって密着させます。包むより超かんたんなうえ、見た目も華やかです。

レンチン　作っておける　お弁当向き　15分以内

えのきたけとかに風味かまぼこ入り！

包まないレンジシュウマイ

■材料（10個分）

豚ひき肉 …… 200g
塩 …… 小さじ½
A
- えのきたけ（5mm幅に切る） …… 1パック（100g）
- かに風味かまぼこ（5mm幅に切る） …… 3本
- しょうが（すりおろし） …… ½かけ
- 酒、オイスターソース …… 各大さじ1
- 片栗粉 …… 小さじ2
- しょうゆ …… 大さじ½
- ごま油 …… 小さじ1

シュウマイの皮 …… 16枚
キャベツ（太めのせん切り） …… 2枚

●冷蔵3日

■作り方

1 シュウマイの皮は半分に切り、さらに2mm幅の細切りにしてバットに広げておく。

2 ボウルにひき肉と塩を入れて粘りが出るまで混ぜる。**A**を加えてさらに混ぜ、10等分にして丸める。1のシュウマイの皮をまぶしつけ、軽くにぎって密着させる。全部で10個作る。

3 耐熱皿にキャベツを広げて入れ、2を間隔をあけて並べる。湿らせたペーパータオルをかぶせてからラップをふんわりとかけ、電子レンジで7分加熱し、そのまま2分蒸らす。お好みで酢じょうゆや辛子、ポン酢しょうゆをつけて食べる。

包まない！手も汚れない！

餃子は肉だねを作る、包む、焼くと労力がいるわりにはあっという間に食べてなくなってしまうのが気になっていました。でもこれは**包まないので超ラクチン**。肉だねもポリ袋で作れば手も汚れません。不器用な私でもできるのでおすすめです。

Point

皮をパタンと折りたたむだけ

餃子の皮に肉だねを細長くのせたら、左右の皮が1cmほど重なるように両側から折りたたみます。水をつける必要もなくて超かんたん！

青じそたっぷりでさわやか♫

ひと口棒餃子

フライパン1つ　作っておける

材料（24個分）

豚ひき肉 …… 150g
キャベツ …… 3枚(150g)
青じそ(みじん切り) …… 10枚
A
にんにく、しょうが(すりおろし) …… 各½かけ
しょうゆ …… 大さじ1
オイスターソース …… 小さじ1
酒、ごま油　片栗粉 …… 各大さじ½
餃子の皮 …… 大24枚
サラダ油 …… 大さじ2
ごま油 …… 少々
ポン酢しょうゆ …… 各適量

作り方

1. キャベツは粗みじん切りにし、塩小さじ1/4（分量外）をふって10分ほどおき、水けを絞る。
2. ポリ袋にひき肉を入れて粘りが出るまでもみ混ぜ、片栗粉以外の**A**を加えてもみ混ぜる。1、青じそを加えて混ぜ、最後に片栗粉も加えて混ぜる。
3. 餃子の皮の中央に2を細長くのせ、皮の左右が1cmほど重なるように折りたたむ。全部で24個作る。
4. フライパンにサラダ油大さじ1を引き、3の半量を合わせ目を上にして並べ入れる。中火で底面に焼き色がつくまで焼けたら、水大さじ4（分量外）を加え、ふたをして弱めの中火で5分蒸し焼きにする。水分がなくなってきたら、ごま油をまわし入れる。残りも同様に蒸し焼きにする。器に盛り、ポン酢しょうゆで食べる。

わが家の麻婆春雨はチャプチェと同じように**春雨を熱湯でもどさず投入**。ひき肉のうまみが溶け出した煮汁を、春雨にしっかり吸わせていきます。お子さんと一緒に食べるなら、豆板醤を省いて食べるときにラー油をかけてもイケます。

市販の素に頼らない！

麻婆春雨

フライパン1つ　作っておける　15分以内

材料（2〜3人分）

豚ひき肉 …… 150g
緑豆春雨（乾燥・ショートタイプ）…… 60g
長ねぎ …… ½本
にんにく（みじん切り）…… ½かけ
しょうが（みじん切り）…… ½かけ
ごま油 …… 大さじ1
豆板醤 …… 小さじ½〜小さじ1
A 水 …… 1と½カップ（300mℓ）
オイスターソース …… 大さじ1
しょうゆ、砂糖 …… 各大さじ½
鶏ガラスープの素 …… 小さじ1

作り方

1 長ねぎは粗みじん切りにする。

2 フライパンにごま油、1、しょうが、にんにく、豆板醤を入れて中火で熱し、炒める。香りが出たらひき肉を加えて炒める。

3 肉の色が変わったら**A**を加えて混ぜ、春雨を熱湯でもどさずに加える。煮立ったらふたをして弱めの中火でときどき混ぜながら4〜5分蒸し煮にする。器に盛り、お好みで長ねぎの粗みじん切りをちらす。

まるで煮込みハンバーグ♡

冷めた状態で食べることが圧倒的に多いのがミートボール。「冷めてもおいしい」ことを前提に考えました。**肉だねを丸めたら、生のままたれと一緒にふたをして煮込んでいきます。**かんたんだし、しっとりおいしく仕上がります。

Point

生のまま蒸し煮にする

肉だねは生のままたれと一緒に蒸し煮にします。途中スプーンで転がしながら煮るとまんべんなく味が行き渡ります。

揚げないで丸めて煮るだけ！

冷めてもおいしい！ミートボール

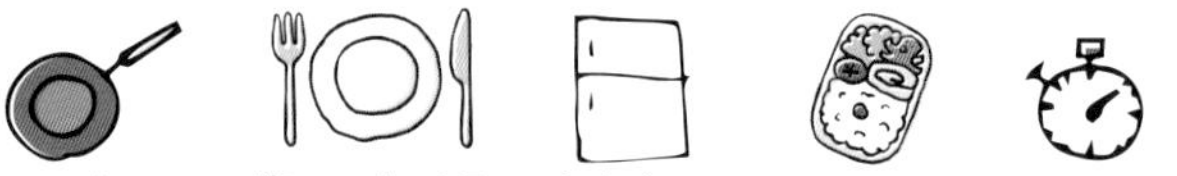

材料（12個分）

豚ひき肉 …… 300g
玉ねぎ …… $\frac{1}{2}$個
片栗粉 …… 大さじ2
塩 …… 小さじ$\frac{1}{2}$
薄力粉 …… 大さじ1と$\frac{1}{2}$

A
水 …… $\frac{1}{2}$カップ（100㎖）
酢、しょうゆ、砂糖 …… 各大さじ2
トマトケチャップ …… 大さじ1
鶏ガラスープの素 …… 小さじ1
塩、こしょう …… 各適量

冷蔵3日
冷凍2週間

作り方

1 玉ねぎはみじん切りにし、片栗粉をまぶしておく。

2 ボウルにひき肉と塩を入れて粘りが出るまで混ぜる。1を加えてよく混ぜ、12等分にしてボール状に丸め、薄力粉をまぶす。

3 深さのあるフライパンに**A**を入れて混ぜて中火にかける。煮立ったら2を加え、ふたをしてときどきスプーンで転がしながら弱めの中火で8〜10分蒸し煮する。

ガパオ風炒めは、鶏そぼろと違って**ひき肉をポロポロになるまで炒めなくてもOK**です。形が少し残っているほうがジューシーで食べごたえが出ます。調味料はナンプラーとオイスターソースが基本、ラー油少々で味が決まります。

あえてひき肉の形を残して

ガパオ風炒めライス

フライパン1つ　お弁当向き　15分以内

■材料（2人分）

鶏ひき肉 …… 200g
ピーマン …… 2個
パプリカ（赤） …… ½個
卵 …… 2個
にんにく（粗みじん切り） …… 1かけ
バジルの葉 …… 10枚（なければドライバジル 適量）
サラダ油 …… 大さじ1と½
A｜ナンプラー、オイスターソース …… 各大さじ1
　｜しょうゆ …… 小さじ1
　｜砂糖 …… ふたつまみ
　｜ラー油 …… 少々
温かいごはん …… 茶碗2杯分

■作り方

1 ピーマン、パプリカは1.5㎝角に切る。

2 フライパンにサラダ油を中火で熱し、卵を割り入れる。外側がカリカリになったら取り出す。

3 2のフライパンににんにくを入れて炒め、香りが出てきたらひき肉を加えてヘラで押しつけながら炒める。肉の色が変わったら、1を加えて炒め合わせる。野菜が少ししんなりしてきたら、**A**を加えて汁けをとばしながら炒め合わせる。

4 ちぎったバジルの葉を加え、さっと混ぜて火を止める。ごはんをよそった器にかけ、2をのせる。

買いおきのトマト缶がなかったときに生まれたグラタン！ かんたんなのに満足度の高い1品ができました。**冷凍のフライドポテトを使うのでお手軽にボリュームアップ**できます。フライパンごとテーブルに出しちゃいましょう。

子どもの好きな冷凍ポテトでお手軽に！

なすのフライパンミートグラタン

フライパン1つ

■材料（作りやすい分量）

合いびき肉 …… 180g
なす …… 3個
玉ねぎ …… ¼個
冷凍フライドポテト（細長いタイプ）
…… 80g
オリーブオイル …… 大さじ1と½
塩 …… 小さじ¼
酒 …… 大さじ1
A トマトケチャップ …… 大さじ4
顆粒コンソメスープの素、しょうゆ、
ウスターソース …… 各大さじ½
にんにく（すりおろし） …… ½かけ
こしょう …… 少々
溶けるチーズ …… 60g

■作り方

1 なすは小さめの乱切りにする。玉ねぎは粗みじん切りにする。

2 直径22cmのフライパンに[1]のなすを入れ、オリーブオイルをからめる。中火にかけ、半量の塩をふって炒め、しんなりしてきたら酒をふり入れ、ふたをして4〜5分蒸し炒めにして取り出す。

3 [2]のフライパンに玉ねぎを入れて炒め、透き通ってきたらひき肉を加えて残りの塩をふって炒める。肉の色が変わったらペーパータオルで余分な脂を吸い取り、[2]のなす、**A**を加えて混ぜ、トロっとするまで炒める。

4 冷凍フライドポテトを凍ったまま加えて混ぜ、溶けるチーズをのせる。ふたをして6分ほど蒸し焼きにする。

どんどん炒めるだけ！

ドライカレー

材料（作りやすい分量）

合いびき肉 …… 400g
玉ねぎ …… $\frac{1}{2}$個
なす …… 1本
にんじん …… $\frac{1}{3}$本
にんにく（粗みじん切り） …… $\frac{1}{2}$かけ
オリーブオイル …… 大さじ1
塩 …… 小さじ$\frac{1}{2}$

A
カレー粉 …… 大さじ1
トマトケチャップ …… 小さじ4
顆粒コンソメスープの素 …… 小さじ1
砂糖 …… 小さじ$\frac{1}{4}$
こしょう …… 少々

温かいごはん …… 適量

作り方

1 玉ねぎ、にんじん、なすは1cm角に切る。

2 フライパンにオリーブオイルを弱めの中火で熱し、にんにく、1を入れて2～3分炒める。

3 全体に油がまわったら、ひき肉、塩を加えて中火で炒める。肉の色が変わったら、ペーパータオルで余分な脂を吸い取り、Aを加えて汁けがなくなるまで炒め合わせる。ごはんをよそった器にかけ、お好みでゆで卵をのせる。

● 冷蔵3～4日
● 冷凍2週間

調味料と混ぜてから火にかけて

しっとり鶏そぼろ

材料（作りやすい分量）

鶏ももひき肉 …… 400g

A
しょうが（すりおろし） …… 1かけ
酒、しょうゆ、砂糖 …… 各大さじ2
みそ …… 大さじ1

作り方

1 フライパンにひき肉、Aを入れて菜箸でよく混ぜる。

2 中火にかけ、菜箸で手早く混ぜながら煮る。ひき肉に火が通ったら、煮汁がほとんどなくなるまで4～5分炒め煮にする。

● 冷蔵3～4日
● 冷凍2週間

PART 1

レバー・砂肝・鶏皮

「レバにら炒め」の臭みとパサパサ感がちょっと苦手かも……。という悩みはこの下処理で解決！**酢と塩をからめて10分ほどおいてください。**臭みが取れるうえ、火を通してもやわらかくなり、劇的においしくなります。

酢と塩の効果で臭みナシ！

レバにら炒め

フライパン1つ

■材料（2人分）

- 豚レバー …… 200g
- にら …… 1把
- 玉ねぎ …… ½個
- A
  - 酒 …… 大さじ1
  - 塩、こしょう …… 各適量
- 片栗粉 …… 大さじ1と½
- サラダ油 …… 大さじ1と½
- B
  - オイスターソース …… 大さじ1
  - しょうゆ…… 大さじ½
  - しょうが（すりおろし） …… ½かけ

■作り方

1. 豚レバーは流水で洗って血合いを取り、ひと口大のそぎ切りにする。酢大さじ3、塩小さじ1（ともに分量外）をからめて10分ほどおき、よく洗って水けをきる。**A**をからめて片栗粉を全体にまぶす。にらは4cm長さに切り、玉ねぎは繊維に垂直に5mm幅に切る。
2. フライパンにサラダ油大さじ1を中火で熱し、1の豚レバーを入れて上下を返しながら3〜4分焼き、一度取り出す。
3. 2のフライパンをさっとふき、残りのサラダ油を中火で熱し、玉ねぎ、にらの順に炒める。しんなりしてきたら2の豚レバーを戻し入れ、混ぜ合わせた**B**を加えてさっと炒め合わせる。

Point

酢と塩をからめる

レバーに酢と塩をからめて10分おいてください。臭みが抑えられるだけでなく、レバーそのものをやわらかくしてくれます。

砂肝はどの部分を食べられるか、迷いませんか？ 銀皮（ぎんぴ）と呼ばれる白い膜の部分を取るレシピもありますが、実はおいしく食べられます。**銀皮に包丁の先で切り込みを入れるだけ**で大丈夫です。

銀皮は取り除かなくてOK！

砂肝のガーリック塩炒め

フライパン1つ　15分以内

■材料（2人分）

砂肝 …… 200〜250g
長ねぎ …… ½本
にんにく（粗みじん切り） …… 1かけ
ごま油 …… 大さじ1
酒 …… 大さじ1
塩 …… 小さじ⅓
粗びき黒こしょう …… 適量

■作り方

1. 砂肝はよく洗って水けをきる。半分に切ってから銀皮に切り込みを入れる。長ねぎは小口切りにする。
2. フライパンにごま油、にんにくを入れて中火で熱し、香りが出てきたら[1]の砂肝を加えて炒める。砂肝の色が変わったら酒をふり入れ、ふたをして弱めの中火で3〜4分蒸し焼きにする。
3. 長ねぎを加えてさっと炒め、塩、粗びき黒こしょうで味をととのえる。器に盛り、お好みでレモンを搾って食べる。

Point

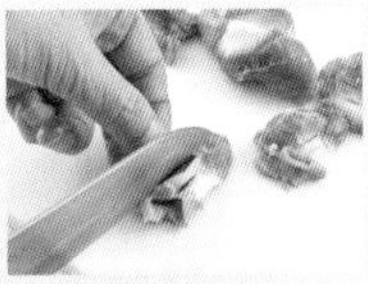

銀皮に切り込みを入れる

砂肝は真ん中の谷間を半分に切ったら、銀皮に包丁の先で切り込みを入れてください。噛み切りやすくなり、味もよく入ります。

下処理なしでゆでるだけ!

砂肝と豆苗のさっぱりあえ

■材料（2人分）

砂肝 …… 180〜200g
豆苗 …… ½パック
A 白だし、オリーブオイル …… 各大さじ1
ゆずこしょう …… 小さじ⅓
いりごま（白） …… 大さじ½

■作り方

1. 鍋に湯（分量外）を沸かし、沸騰したら砂肝を入れ、ぐらぐらする火加減で10〜12分ゆでる。水で洗って汚れと油脂を取り、薄切りにする。
2. 豆苗は根元を切り落とし、長さを4等分に切る。
3. ボウルに1、2、**A**を入れてあえる。

鶏皮を炒めてカリッとさせます

鶏皮とねぎの中華スープ

■材料（2人分）

鶏皮 …… 1〜2枚（80g）
長ねぎ …… 1本
A 水 …… 2と½カップ（500mℓ）
酒 …… 大さじ1
B 鶏ガラスープの素 …… 大さじ½
しょうゆ …… 小さじ1
しょうが（せん切り） …… 1かけ

■作り方

1. 鶏皮は水けをふいて1cm幅に切る。長ねぎは斜め薄切りにする。
2. 鍋に1の鶏皮を入れて中火にかけ、焼き色がつくまで3分ほど炒める。
3. 2に**A**を加え、煮立ったらアクを取り除く。長ねぎ、**B**を加えて混ぜ、3分ほど煮る。

臭み＆ぬめり取りは塩もみ洗いが◎

鶏皮ポン酢

■材料（2人分）

鶏皮 …… 3〜4枚(160g)
小ねぎ(小口切り) …… 2〜3本
A ポン酢しょうゆ …… 大さじ2
ごま油 …… 大さじ1
塩、砂糖 …… 各ふたつまみ

■作り方

1 鶏皮は塩大さじ1（分量外）をまぶしてもみ洗いし、臭みとぬめりを取る。

2 鍋に湯（分量外）を沸かし、酒大さじ1（分量外）を加え、[1]を3〜4分ゆでる。冷水にとり、水けをよくきってから細切りにする。

3 ボウルに**A**、[2]、小ねぎを入れてあえる。

下ゆでするると臭みが気にならない

鶏レバーと長ねぎの甘辛煮

■材料（作りやすい分量）

鶏レバー …… 200〜250g
長ねぎ …… ½本
しょうが(せん切り) …… 1かけ
A 水 …… ¼カップ(50mℓ)
しょうゆ、酒 …… 各大さじ2
みりん …… 大さじ1と½
砂糖 …… 大さじ1
オイスターソース …… 大さじ½

■作り方

1 鶏レバーは流水で洗って血合いと脂肪を取り、ひと口大に切る。長ねぎは3㎝長さに切る。

2 鍋に湯（分量外）を沸かし、沸騰したら酒大さじ1（分量外）を加え、[1]の鶏レバーを2分ほどゆでてざるにあげる。

3 [2]の鍋をさっと洗い、**A**、[2]、しょうがを入れて中火にかける。煮立ったらアクを取り除き、長ねぎを加えて弱めの中火で10〜12分煮る。

●冷蔵3日

肉の選び方＆保存＆調理のコツ

※保存袋は冷凍用でチャック付きタイプを使い、できるだけ空気を抜いてから冷凍してください。

選び方のコツ 鶏肉

鶏肉は透明感のあるピンク色で、身に弾力があるものが新鮮。水分が多く、ほかの肉より傷むのが早いです。ドリップが出ているものは、鮮度が落ちているので避けて。特に鶏むね肉や鶏ささみは、買ってきたら冷蔵室ですぐに保存して早めに使いきりましょう。

冷凍保存のコツ ❶

ソテーや照り焼きに

鶏もも肉1枚（300g）は水けを拭き、包丁で開いて厚みを均一にしてから、砂糖、塩各小さじ1/2、酒小さじ2をもみ込み、ラップに包んで保存袋で冷凍を。流水解凍してソテーや照り焼きに。鶏むね肉でも同様にできます。

冷凍保存のコツ ❷

炒めものや揚げものに

鶏むね肉1枚（300g）は水けを拭き、そぎ切りにして塩小さじ1/2を全体にまぶしてからサラダ油大さじ1をからめ、保存袋で冷凍を。鶏ささみは筋を取り、ひと口大のそぎ切りにして同様に冷凍できます。

おいしい調理のコツ

この下処理でおいしさアップ

鶏もも肉の下処理はレシピでさらっと書いていますが、実は知らない人が多いのでは？　はみ出ている筋を切り、小さい骨があれば取り、皮と身の間にある脂肪を取り除くと格段においしくなります。また、切るときはまな板に皮を下にして置くと、皮がクッションになって切りやすくなります。

選び方のコツ 豚肉

豚肉は赤身部分が淡いピンク色、脂肪部分は白いものが鮮度がよく、赤身部分と脂身部分の差がはっきりしているものが良品。全体的にみずみずしく、キメが細かいものがおすすめです。鶏肉と同様、ドリップが出ているものは鮮度が落ちているのでNGです。

冷凍保存のコツ ❶

炒めものや煮ものに

豚こま切れ肉や豚切り落とし肉は、1人分80g〜100gに分けてなるべく薄く平らになるように重ねてラップで包み、保存袋で冷凍を。豚薄切り肉は数枚ずつ薄く重ねてラップで包み、同様に冷凍します。流水解凍でOK！

冷凍保存のコツ ❷

水けをよく拭いて冷凍

豚とんカツ用肉1枚は水けを拭き、ぴっちりラップで包んでさらにアルミホイルで包み、金属トレイで凍らせてから保存袋で冷凍を。かたまり肉の場合、ラップで包み、保存袋で冷凍を。冷蔵室で解凍して使います。

おいしい調理のコツ

酒をからめるとほぐれる

豚こま切れはパックに入っている状態だと肉同士がくっついていて、そのまま炒めると団子状になったり、火が通りづらくなってしまうことも。時間があれば1枚ずつ広げてから焼くといいですが、そんな時間がないときは、酒をふっておくとほぐれやすくなり、うまみもアップして一石二鳥です。

肉の選び方＆保存＆調理のコツ

選び方のコツ　牛肉

全体的にツヤがあり、赤身部分が鮮やかな紅色、脂肪部分は乳白色のものが◎。赤身部分と脂身部分の差がはっきりしているものがおすすめです。ほかの肉と同様、ドリップが出ているものは避けて。日持ちはチルド室なら薄切り肉で2～3日、厚切り肉で3～4日。

冷凍保存のコツ❶

炒めものや煮ものに

牛こま切れ肉や牛切り落とし肉は、1人分80g～100gに分けてなるべく薄く平らになるように重ねてラップで包み、保存袋で冷凍を。牛薄切り肉は数枚ずつ薄く重ねてラップで包み、同様に冷凍します。流水解凍でOK！

冷凍保存のコツ❷

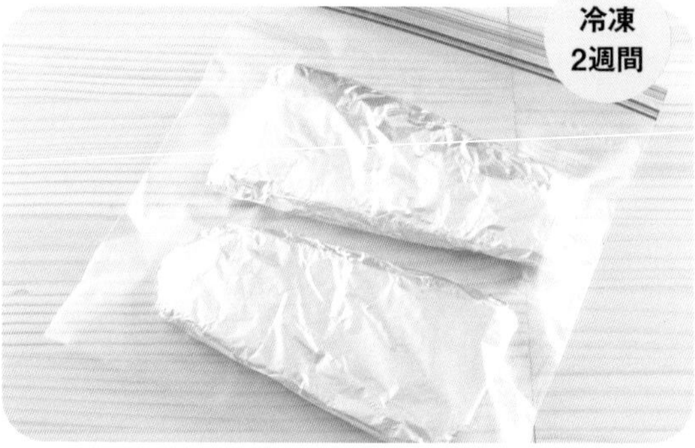

水けをよく拭いて冷凍

牛ステーキ肉1枚は水けを拭き、ぴっちりラップで包んでさらにアルミホイルに包み、金属トレイで凍らせてから保存袋で冷凍を。冷蔵室で解凍し、食べるときは室温にもどしてから焼いてください。

おいしい調理のコツ

常温に戻して焼く直前に塩をふる

ステーキ肉は焼く30分前に冷蔵庫から出して常温にもどし、肉から出る水分をペーパータオルで拭き取ります。塩は早くふると肉汁が出て、うまみがなくなるので、焼く直前になるべく高い位置から均一にふってください。これでお安いステーキ肉でも高級肉のように味わえます。

選び方のコツ

ひき肉ほか

ひき肉は全体の色が均一で鮮やかなものが◎。黒ずんでいるものや解凍されていて水けが多いものは避けて。空気にふれる部分が多いため、傷みやすいのが特徴。使う分だけ買ってきてその日中に使いきるか、まとめて買った場合は冷凍保存するようにしましょう。レバーや砂肝、鶏皮もドリップが出ていないものを選んで。

冷凍保存のコツ ❶

薄く平らにして冷凍する

ひき肉は表面の水けを拭き、100gに分けてできるだけ薄く平らにしてラップで包み、保存袋で冷凍を。パキッと折って凍ったまま使えます。レバーや砂肝は下処理して薄く切り、鶏皮はラップではさんで冷凍を。流水解凍でOK！

冷凍保存のコツ ❷

塩と油の下味冷凍も◎

ひき肉は下味冷凍もおすすめ。ひき肉250gに塩小さじ1/2をまぶしてから保存袋に入れ、油大さじ1を加えて混ぜ、できるだけ薄く平らにしてから筋をつけて冷凍を。筋の部分を折り曲げて凍ったまま使えます。

おいしい調理のコツ

冷えた状態で手早く

ひき肉は常温に置いておくと脂が溶け出して味が落ちてしまいがち。特にハンバーグやつくねは、調味料や具材を混ぜていくうちにどんどん水っぽくなってしまいます。使うときは料理を始める直前に冷蔵庫から出して。こねるときの手もできるだけ、冷えた状態で手早く行いましょう。

column1

フレッシュ野菜のつけ合わせ

キャベツやレタス、トマト以外にも切ったり、手でちぎったりするだけで食べられる野菜のつけ合わせがあります。ソテーや揚げもの、煮つけなど、肉魚問わず、ちょっとした副菜として使えます。

かいわれ菜

根元を切り落とし、輪ゴムで束ねてから水の中でさっとゆすいで種の殻を取り、水けをきります。ブロッコリースプラウトもおすすめです。

マッシュルーム

湿らせたペーパータオルでマッシュルームの汚れを拭き取り、根元を少し切ってから薄切りにします。レモン汁、塩、オリーブオイルをかけても。必ず新鮮なものを使います。

春菊

葉は手で摘み取り、水にさらして水けをきります。細い茎は薄切りにしてそのまま食べられます。ごま油と塩でどうぞ。太い茎は炒めものやスープに使って。

玉ねぎ

繊維に垂直に薄切りにしてから、酢水にさらして水けをきります。おかかしょうゆやポン酢しょうゆなどでどうぞ。

長ねぎ

斜め薄切りにしてから、水にさらして水けをきります。鶏のから揚げやかじきの竜田揚げなどと一緒に食べるのが私のお気に入りです。

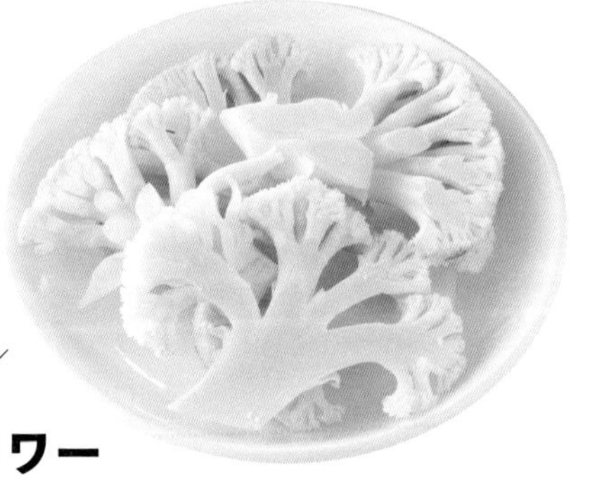

カリフラワー

小房に分けてから水の中でふり洗いし、水けをきって薄切りにします。オリーブオイルと塩をかけるとおいしいです。

PART 2

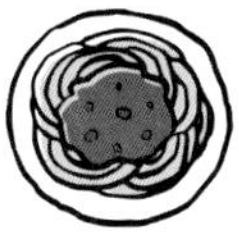

めん・ごはん・パンのレシピ

ミートソースにナポリタン、チャーハンに牛丼、卵サンドなど
誰からもこよなく愛される、めん・ごはん・パンのレシピを厳選。
ボリューム満点でどれも食べごたえがあり、
幸せな気分を満喫できるものばかりです。
晩ごはんはもちろん、リモートワーク飯にもおすすめです。

濃厚なのに後味はさっぱり！

昔懐かし★ミートソースパスタ

材料（作りやすい分量）

合いびき肉 …… 400g
玉ねぎ …… 1個
マッシュルーム …… 6個
にんにく（みじん切り） …… 1かけ
トマト水煮缶（ホールタイプ） …… 1缶（400g）
オリーブオイル …… 大さじ1
薄力粉 …… 大さじ3

A
トマトケチャップ、牛乳 …… 各大さじ2
塩 …… 小さじ1弱
しょうゆ …… 小さじ2
ウスターソース …… 小さじ1
砂糖 …… 小さじ½〜1
バター …… 10g
こしょう …… 少々

スパゲッティ（8分ゆで） …… 200g（2人分）

作り方

1. 玉ねぎはみじん切り、マッシュルームは根元を少し切り、粗みじん切りにする。
2. フライパンにオリーブオイルを中火で熱し、にんにくを炒める。香りが出てきたら、玉ねぎ、マッシュルームを加えて2〜3分炒める。
3. 玉ねぎがしっとりしてきたら、ひき肉を加えて炒める。肉の色が変わったら、ペーパータオルで余分な脂と水分を吸い取る。薄力粉を加えて粉っぽさがなくなるまでしっかり炒める。
4. トマト缶を加えてヘラでつぶし、煮立ったら**A**を加え、ふたをして弱めの中火でとろみがつくまで10分ほど煮る。
5. 別のフライパンにたっぷりの湯1.2ℓ（分量外）を沸かし、沸騰したら塩小さじ2（分量外）を入れ、スパゲッティを徐々に加えて表示通りにゆでる。水けをきって器に盛り、4をかけて、お好みで粉チーズをかける。

母がよく作ってくれた昔懐かしミートソース。夫がきのこ好きなので、刻んだマッシュルームを加えるのがわが家の定番です。**ひき肉と一緒に薄力粉をしっかり炒めるとコクが生まれ、おいしいとろみもつきます。**パンやグラタンにのせてもおいしいし、倍量で作って小分け冷凍もできます。

●冷蔵４日
●冷蔵２週間

Point

余分な脂と水分を吸い取る

ひき肉から出る脂と水分を吸い取ってください。脂っぽさがやわらぎます。また薄力粉を加えて炒めると時間がたっても水っぽくなりづらいです。

家族にも大好評♡私のお気に入り!

昭和レトロな喫茶店の味

フライパン1つで作れるもっちりナポリタン。パスタは**オリーブオイルやコンソメで下味をつけながら、フライパンで蒸しゆでにします。**これで弾力のあるもっちもちのパスタに！ ケチャップソースをからめたときの相性も抜群です。

Point

蒸しゆでにしてもっちもち

パスタはフライパンでときどき混ぜながら蒸しゆでにするともっちもちに。このとき、下味も一緒につけるのでおいしさもアップ。

ワンパンで作る誰もが好きなパスタ

もっちり♡ナポリタン

フライパン1つ　15分以内

■**材料**（2人分）

スパゲッティ（8分ゆで）…… 200g
ウインナー …… 5本
玉ねぎ …… ½個
ピーマン …… 2個
A 水 …… 3カップ（600mℓ）
オリーブオイル …… 大さじ1
塩 …… 小さじ½
顆粒コンソメスープの素 …… 小さじ2
B トマトケチャップ …… 大さじ5
しょうゆ …… 大さじ½
ウスターソース …… 小さじ1
こしょう …… 少々
バター …… 10g

■**作り方**

1 ウインナーは斜め4等分に切る。玉ねぎは薄切りにし、ピーマンは小さめの乱切りにする。

2 フライパンに**A**を入れて中火にかけ、沸騰したらスパゲッティを徐々に加える。ふたをして弱めの中火でときどき混ぜながら表示より2分短く蒸しゆでにする。

3 2にウインナー、玉ねぎ、ピーマンを加えて混ぜながら3分ほど煮る。**B**を加えて火を強め、混ぜながら1分ほど煮て汁けをとばし、仕上げにバターを加えて混ぜ、火を止める。

ただ混ぜるだけなのにこの完成度の高さ！ 作った本人が一番驚いています。 たらこはあえて包丁でこそげ出さず、**キッチンばさみで小さく切って。** ところどころ粒感があってバランスのいい味になります。 このパスタを作るために、 冷凍室のたらこストックは欠かしません。

ボウルで混ぜるだけ！

ワンボウル和風たらこパスタ

フライパン1つ　15分以内

■材料（2人分）

スパゲッティ（8分ゆで）……200g
甘塩たらこ ……1腹（60g）
A | バター ……10g
　| 昆布茶 ……小さじ1
オリーブオイル ……大さじ2
青じそ、焼きのり ……各適量

■作り方

1. フライパンに湯1.2ℓ（分量外）を沸かし、沸騰したら塩小さじ2（分量外）を入れ、スパゲッティを徐々に加えて表示より1分短くゆでる。

2. 大きめのボウルにたらこをキッチンばさみで細かく切って入れ、**A**を加えて軽く混ぜておく。

3. 1の水けを軽くきり、2に加えて手早くあえる。仕上げにオリーブオイルを加えてさっとあえる。器に盛り、手で粗くちぎった青じそ、焼きのりをちらす。

白だしとバターが新鮮♪♪

夫が在宅勤務になってから週1で登場する焼きそば。先に**中華めんを少し焼き色がつくまでしっかり炒めて。**後から具と合わせて仕上げます。こうするとべちゃっとした仕上がりになりません。

めんを持ち上げながら炒めるのがコツ

だし香るシーフード焼きそば

フライパン1つ　15分以内

■**材料**（2人分）

中華蒸しめん …… 2玉
むきえび …… 100g
蒸しほたて …… 7〜8個
チンゲン菜 …… 1株
サラダ油 …… 大さじ1
塩、こしょう …… 各適量
A | 白だし …… 大さじ2
　| バター …… 5g
　| 塩、こしょう …… 各適量

■**作り方**

1 えびは塩と片栗粉（ともに分量外）でもみ、洗って水けをきる。チンゲン菜は2cm幅の斜め切りにする。

2 中華蒸しめんは袋の中で軽くほぐす。フライパンにサラダ油を中火で熱し、めんをほぐし入れる。ときどき持ち上げながら4〜5分炒め、少し焼き色がついたら一度取り出す。

3 [1]のえびを加え、塩、こしょうをして炒める。えびの色が変わったらチンゲン菜の茎、葉、蒸しほたての順に加えて炒め合わせる。[2]のめんを戻し入れ、**A**を加えてフライパンをゆすりながらからめるようにして大きく炒め合わせる。

お昼ごはんのレパートリーに加えて

レンジ台湾風混ぜそば

■材料（2人分）

中華蒸しめん …… 2玉
豚ひき肉 …… 150g
A 塩、こしょう、しょうゆ …… 各適量
　ごま油 …… 大さじ1
小ねぎ（1cm幅の斜め切り） …… 2〜3本
すりごま（白） …… 大さじ2
B にんにく（すりおろし） …… $\frac{1}{2}$かけ
　しょうゆ …… 大さじ2
　鶏ガラスープの素、豆板醤 …… 各小さじ1
　砂糖 …… 大さじ1
　片栗粉 …… 小さじ2
　水 …… 大さじ3

■作り方

1. 耐熱容器に中華蒸しめん、水大さじ1〜2（分量外）を入れてほぐし、Aをからめる。ふんわりとラップをかけ、電子レンジで5分加熱し、ほぐして器に盛る。
2. [1]の耐熱容器にひき肉、Bを入れてよく混ぜる。ふんわりとラップをかけて電子レンジで3分加熱する。取り出してよく混ぜ、同様に3分加熱し、混ぜる。
3. [1]に[2]をかけて小ねぎをのせ、すりごまをかける。

火を使いたくない日に最適！

レンジビーフン

■材料（2人分）

乾燥焼きビーフン（味付き） …… 2玉
豚バラ薄切り肉 …… 120g
キャベツ …… 2枚（100g）
ピーマン …… 2個
ごま油 …… 大さじ2
水 …… 200〜220mℓ
かつお節 …… 1パック

■作り方

1. キャベツはひと口大のざく切りにし、ピーマンは細切りにする。豚肉は4cm幅に切る。
2. 深めの耐熱容器にビーフン1玉、キャベツ、ピーマン、豚肉を半量ずつ順にのせる。ごま油大さじ1をまわしかけ、水100〜110mℓを注ぐ。
3. ふんわりとラップをかけて電子レンジで3分加熱する。取り出してよく混ぜ、同様に2分加熱してよく混ぜる。汁けが残っていたらラップをはずして1分追加加熱する。残りも同様に加熱する。器に盛り、かつお節をかける。

後入れの塩昆布でうまみアップ！

きのこのバターじょうゆうどん

■材料（2人分）

冷凍うどん …… 2玉
しめじ …… 1パック（100g）
まいたけ …… 1パック（100g）
長ねぎ …… ½本（50g）
スライスベーコン …… 3枚

A
酒 …… 大さじ2
めんつゆ（3倍濃縮） …… 大さじ1と½
バター …… 10g

B
塩昆布 …… 5g
塩、こしょう …… 各適量

■作り方

1. しめじ、まいたけは石づきを取り、手で食べやすくほぐす。長ねぎは5㎜幅の斜め薄切りにする。ベーコンは3㎝幅に切る。
2. 冷凍うどんはさっと水にくぐらせてからフライパンに入れる。きのこ、長ねぎ、ベーコンの順にのせ、**A**を加える。
3. 強火にかけてふつふつしてきたら弱めの中火にし、ふたをして途中、うどんをほぐしながら8分ほど蒸し煮にする。ふたを取り、**B**を加えて強火で炒め合わせる。

冷凍うどんをそのまま投入

ワンパンちゃんぽんうどん

■材料（2人分）

冷凍うどん …… 2玉
豚バラ薄切り肉 …… 100g
キャベツ …… 2枚（100g）
かに風味かまぼこ …… 3本

A
水、牛乳 …… 各1カップ（200㎖）
鶏ガラスープの素、オイスターソース、しょうゆ …… 各小さじ1
ごま油 …… 大さじ½

塩、こしょう …… 各適量

■作り方

1. キャベツはひと口大のざく切りにする。かに風味かまぼこは手でさく。豚肉は3㎝幅に切る。
2. 冷凍うどんはさっと水にくぐらせてからフライパンに入れる。豚肉、キャベツ、かに風味かまぼこの順にのせ、混ぜ合わせた**A**を注ぐ。
3. 強火にかけて沸騰したら弱火にし、ふたをして途中、うどんをほぐしながら10分ほど蒸し煮にする。ふたを取り、火を強めて塩、こしょうで味をととのえる。

レンチンしてあえるだけなので、時間がなくて焦っている日のランチにぴったりです。カルボナーラだけど生クリームいらず。**牛乳とチーズがあれば濃厚でクリーミーに♡** しばし忙しさも忘れられそう。

洗いものも少なくてラク!

明太カルボナーラうどん

レンチン　15分以内

■材料（2人分）

冷凍うどん …… 2玉
卵黄 …… 2個分
辛子明太子 …… 小1腹(40g)
A 白だし …… 大さじ1と½
牛乳 …… 大さじ4
シュレッドチーズ(生食タイプ) …… 30g

■作り方

1. 明太子はキッチンばさみで細かく切り、ボウルに入れて**A**とよく混ぜる。
2. 冷凍うどんは袋の端を少し切り、表示通りに電子レンジで加熱する。水けをきり、熱いうちに1に加えてほぐしながらあえる。
3. 器に2を盛って卵黄をのせ、お好みで小ねぎの小口切りをちらす。

ツナ缶がおいしさアップの秘訣！

大人のチキンライス

フライパン1つ　15分以内

肉が苦手だった祖母のために、母が作っていたのがツナケチャップライス。その味が懐かしくて、**うちのチキンライスにはツナ缶を入れます。**コクが増しておいしくなります。**具材と調味料をしっかり炒めて水分をとばしてからごはんを加えると、**1粒1粒までまんべんなく味が行き渡ります。

■材料（2人分）

温かいごはん …… 400g
鶏もも肉 …… 小1枚（200g）
ツナ油漬け缶 …… 1缶（70g）
玉ねぎ …… ½個
オリーブオイル …… 大さじ1
塩、こしょう …… 各適量
A
トマトケチャップ …… 大さじ5
しょうゆ …… 大さじ1
顆粒コンソメスープの素 …… 小さじ1
バター …… 10g
塩 …… 小さじ⅓
こしょう …… 少々
B
卵 …… 3個
牛乳 …… 大さじ3
サラダ油 …… 大さじ2

■作り方

1. 玉ねぎは8mm角に切る。鶏肉は1cm角に切る。ツナ缶は缶汁をきる。**B**は溶きほぐす。
2. フライパンにオリーブオイルを中火で熱し、[1]の鶏肉を炒める。肉の色が変わったら、ツナ缶、玉ねぎを加え、塩、こしょうをして炒める。
3. 玉ねぎが透き通ってきたら**A**を加え、汁けをとばしながら炒める。ごはんを加え、全体に味が行き渡るように炒め合わせ、器に盛る。
4. [3]のフライパンをきれいにし、サラダ油を中火で熱し、**B**を流し入れて大きくかき混ぜ、半熟状になったら火を止める。[3]のケチャップライスにのせる。

Point

余分な水分がとんだらごはんを投入

具材と調味料をよく炒めて余分な水分をとばしてからごはんを加えて。ケチャップのコクが増して味ムラがなくなり、しっとりおいしく仕上がります。

スクランブルエッグでふわとろ

クリーム味ってこんなにごはんが進むの？とびっくりされます。**かくし味のしょうゆの効果**で、絶妙な和と洋のバランスに仕上がっているのです。青じそをごはんに混ぜ込むとさらにおかわり必至です。ドリアよりずっとかんたんなのでワンボウルごはんにおすすめ。

生クリーム不要！ 青じそごはんにマッチ！

豚肉ときのこのクリームライス

フライパン1つ

■材料（2人分）

豚こま切れ肉 …… 180g
玉ねぎ …… ½個
しめじ …… 1パック（100g）
塩、こしょう …… 各適量
バター …… 10g
薄力粉 …… 小さじ4
牛乳 …… 1と½カップ（300㎖）
A しょうゆ …… 小さじ2
塩 …… 小さじ⅓
こしょう、にんにく（すりおろし） …… 各少々
温かいごはん …… 400g
B 青じそ（粗みじん切り） …… 5枚
いりごま（白） …… 大さじ2

■作り方

1. 玉ねぎは薄切りにする。しめじは根元を切り落とし、手でほぐす。豚肉は塩、こしょうを強めにふる。
2. フライパンにバターを中火で溶かし、豚肉を炒める。肉の色が変わったら玉ねぎ、しめじを炒める。玉ねぎがしんなりしてきたら薄力粉を加えて粉っぽさがなくなるまで炒める。
3. [2]に牛乳を加えてよく混ぜ、**A**を加えて弱めの中火でとろみがつくまで3〜4分煮る。
4. 温かいごはんに**B**を混ぜて器に盛り、[3]をかけ、お好みで粗びき黒こしょうをふる。

＊＊華やかさはナンバーワン!

カレー粉、トマトケチャップ、ウスターソースさえあれば、あとは**ひき肉と野菜を炒めるだけ!** 時間がないときでもすぐ作れます。トマト、アボカド、レタス、チーズも、お好きなだけトッピングしてください。

Point

焼き色がつくまでよく炒めて

ひき肉はヘラで押さえるようにして、焼き色が少しつくくらいまでしっかり炒めてください。うまみがグンとアップします。

何度作っても喜ばれる

絶品タコライス

フライパン1つ　15分以内

■**材料**（2人分）

合いびき肉 …… 200～250g
玉ねぎ …… ½個
にんにく（みじん切り） …… ½かけ
サラダ油 …… 小さじ2
A トマトケチャップ …… 大さじ2と½
酒 …… 大さじ1と½
ウスターソース …… 小さじ2
しょうゆ、カレー粉 …… 各小さじ1
塩、こしょう …… 各少々
アボカド …… 1個
ミニトマト …… 5個
レタス …… 2枚
温かいごはん …… 400g
シュレッドチーズ（生食タイプ） …… 適量

■**作り方**

1 玉ねぎは粗みじん切りにする。

2 フライパンにサラダ油、1、にんにくを入れて中火で熱し、玉ねぎが透き通ってきたら、ひき肉を加えて焼き色がつくまでよく炒める。ペーパータオルで余分な脂を吸い取り、**A**を加えて汁けがなくなるまで炒め合わせる。

3 アボカドは種と皮を取り、ミニトマトは縦半分に切る。レタスは1cm幅に細切りにする。

4 器にごはんをよそい、3、お好みでポテトチップスを砕いてのせる。2、シュレッドチーズをかける。

しっとりチャーハン、ガチでうまい!

豚バラ肉は丸まったまま焼くとベチャッとしてしまいます。**広げて焼いて最初に両面をカリッとさせるの**がこのチャーハンのコツ。最後に焼き肉のたれ大さじ1を加えて、ジュワッとさせると味がまとまります。

絶妙な味わいが脳を刺激!

豚バラキムチねぎチャーハン

フライパン1つ　15分以内

■材料（2人分）

温かいごはん …… 400g
豚バラ薄切り肉 …… 120g
長ねぎ …… 1/2本
白菜キムチ …… 140g
A サラダ油 …… 小さじ1
塩 …… 小さじ1/3
ごま油 …… 大さじ1
B 焼き肉のたれ …… 大さじ1
しょうゆ …… 大さじ1/2
塩、こしょう …… 各適量

■作り方

1 長ねぎは小口切りにする。豚肉は3cm幅に切る。白菜キムチはキッチンばさみで食べやすい大きさに切る。

2 ごはんに**A**を加えてあえておく。

3 フライパンにごま油を中火で熱し、[1]の豚肉を広げて両面を焼く。カリッとしてきたら、白菜キムチを加えて汁けをとばしながら炒め合わせる。

4 長ねぎを加えてさっと炒め、[2]を加えてヘラでごはんをほぐしながら炒め合わせる。中央をあけて**B**を加え、ジュワッとしてきたら手早く炒め合わせる。

パラっとおいしいチャーハンを誰でも作れる方法です。まず**卵とごはんをパラパラになるまで炒めて**一度取り出し、ごま油でベーコンをカリッとさせます。ここで再度、ごはんを戻し入れます。レタスは最後の最後に入れて。

ハズレのないおいしさ!

ベーコンレタス卵チャーハン

フライパン1つ　15分以内

■**材料**（2人分）

温かいごはん …… 400g
レタス …… 2〜3枚
スライスベーコン …… 3枚
卵 …… 1個
サラダ油 …… 大さじ1
A 塩 …… 小さじ¼
鶏ガラスープの素 …… 小さじ1弱
ごま油 …… 大さじ½
酒 …… 大さじ1

■**作り方**

1 ベーコンは2cm幅に切る。レタスは大きめのひと口大に切る。卵は溶きほぐす。

2 フライパンにサラダ油を中火で熱し、ごはん、溶き卵を入れ、パラパラになってきたら**A**を加えて炒め、一度取り出す。

3 2のフライパンにごま油を中火で熱し、ベーコンを炒める。少しカリッとしてきたら2のごはんを戻し入れ、炒め合わせる。仕上げにレタスを加えて酒をふり、少ししんなりするまで炒め合わせる。

Point

ごはんと溶き卵を先に炒める

フライパンでごはんを先に溶き卵と一緒に炒めておきます。ここでごはん粒がパラパラになるまで卵でコーティングしてください。

まず、牛脂で玉ねぎとしょうがを炒めます。これだけでグンとリッチな味わいに！ **牛脂は炒めもののコクを出してくれるので**、もらったら冷凍してとっておきましょう。牛肉は脂身多めがおすすめです。

Point

牛脂でコク＆うまみアップ！

フライパンで具材を炒めるとき、牛脂を使います。牛脂を使うだけですき焼きのようなリッチな味わいになるのでぜひ試してみて。

かくし味に焼き肉のたれをひとさじ

究極の炒め牛丼

フライパン1つ　作っておける　15分以内

■材料（2～3人分）

牛バラ薄切り肉 …… 300g
玉ねぎ …… 1個
牛脂 …… ½個
しょうが（せん切り） …… ½かけ
（なければサラダ油大さじ1）
A
水 …… 1カップ（200㎖）
しょうゆ …… 大さじ3
酒、みりん …… 各大さじ2
焼き肉のたれ（中辛タイプ） …… 大さじ1と½
砂糖 …… 大さじ1
温かいごはん …… どんぶり2～3杯分

■作り方

1. 牛肉は食べやすい大きさに切る。玉ねぎは1㎝幅のくし形切りにする。
2. フライパンに牛脂を入れて中火にかけ、脂が溶けてきたら1の玉ねぎ、しょうがを炒める。玉ねぎが少ししんなりしてきたら、牛肉を加えて炒め合わせる。
3. 肉の色が変わってきたら**A**を加え、煮立ったらアクを取り除き、ふたをして弱めの中火で3～4分煮る。
4. どんぶりにごはんをよそい、3を汁ごとかける。お好みで温泉卵、紅しょうがを添える。

玉ねぎは大きく切るのがコツ

えびと玉ねぎのピラフ

■材料（作りやすい分量）

白米 …… 2合
むきえび …… 250g
玉ねぎ …… 1個
コーン水煮缶 …… 大さじ5
A 顆粒コンソメスープの素、白ワイン（または酒） …… 各大さじ1
A 塩 …… 小さじ½
A こしょう …… 少々
バター …… 10g

■作り方

1 米はといで炊飯器に入れ、2合の目盛りまで水（分量外）を注ぐ。30分吸水させ、大さじ4の水を捨てる。

2 えびは背わたがあれば取り、塩、片栗粉（ともに分量外）をふってもみ込み、水で洗って水けを拭く。玉ねぎは4〜6つ割りにする。

3 1にAを加えて混ぜる。中央に玉ねぎをのせてそのまわりに缶汁をきったコーン、えびをのせる。普通モードで炊き、炊けたらバターを加えて玉ねぎをくずしながらさっくり混ぜ、5分蒸らす。器に盛り、お好みでドライパセリをちらす。

●冷凍2週間

トマトもツナ缶もまるごと使います

トマトとツナの炊き込みごはん

■材料（作りやすい分量）

白米 …… 2合
トマト …… 1個
ツナ油漬け缶 …… 小2缶（140g）
A しょうゆ …… 小さじ2
A 塩 …… 小さじ1

■作り方

1 米はといで炊飯器に入れ、2合の目盛りまで水（分量外）を注ぐ。30分吸水させ、大さじ4の水を捨てる。

2 トマトはヘタをくり抜き、ヘタと反対側に十字に切り込みを入れる。

3 1にツナ缶の缶汁、Aを加えて混ぜる。中央にトマトをのせてそのまわりにツナ缶の中身をのせる。普通モードで炊き、炊けたらトマトを軽くくずしながらさっくり混ぜ、5分蒸らす。

●冷凍2週間

普通じゃないおいしさ！

お米のうまさをガツンと感じるおむすび。ごはんはいつもの水加減から大さじ2を減らして。炊けたら5分蒸らします。**1個の分量は90g、甘みを感じられる粗塩を小さじ1/4混ぜ込みます。**試行錯誤の末にたどり着いた絶妙なバランスです。

Point

1個につき90gがちょうどいい

おむすびは1個につき90gが◎。にぎりやすいうえ、冷めてもかたくなりづらく、口に入れたときにふわっと米粒がほどける食感が味わえます。

この作り方だと冷めてもイケる！

悶絶☆塩むすび

炊飯器1つ　作っておける

■**材料**（作りやすい分量）

白米 …… 2合
粗塩、焼きのり …… 各適量

■**作り方**

1 米はといで炊飯器に入れ、2合の目盛りまで水（分量外）を注ぎ、30分吸水させる。

2 水大さじ2を減らして普通モードで炊く。炊けたら5分蒸らし、しゃもじで軽く混ぜ、粒を立たせる。

3 小さめのボウルか茶碗を用意し、水で内側をさっと濡らす。2のごはん90gを移して粗塩小さじ1/4を入れてざっと混ぜる。

4 ラップを広げて3のごはんをのせ、軽くまとめる。ラップの端を集めるようにして包み、手のひら全体でやさしくリズミカルに整えながら三角形ににぎる。お好みの大きさに切った焼きのりを巻く（★食べる直前まで横におむすびを倒しておくとごはんがつぶれず、ふわっとした食感が残る）。

家族が大好きな卵サンド。黄身のクリーミーさと白身のプリプリ感。どちらも生かしたいので**黄身と白身に分けてあえます。**かくし味にしょうゆを加えると味が引き締まり、濃厚でやみつき味になるんです。

Point

黄身と白身に分けてあえる

黄身にマヨネーズを混ぜ、白身は角切りにします。それぞれ下ごしらえしてから合わせると、黄身のクリーミーさと白身のプリプリ感を同時に味わえます。

パンの耳も捨てないのがわが家流！

ボリューミー！王道卵サンド

フライパン＆レンチン

■材料（2人分）

食パン（6枚切り）…… 4枚
卵 …… 5個
A マヨネーズ …… 大さじ6
　しょうゆ …… 大さじ1/2
　砂糖 …… ふたつまみ
　塩、こしょう …… 各少々
バター …… 15g
フレンチマスタード
（または練り辛子）…… 小さじ1

■作り方

1. 冷蔵室から出したての卵をフライパンに入れ、水1カップ（200mℓ）を注ぐ。沸騰したら中火でふたをして5分蒸し煮にする（途中フライパンをゆするとよい）。火を止めて5分おいたら、冷水に3分つけて殻をむく。
2. [1]の水けをよく拭いて黄身と白身に分ける。黄身はフォークで粗くつぶし、**A**を加えて混ぜる。白身は6〜8mm角に刻み、黄身に混ぜる。
3. 耐熱容器にバターを入れ、ラップをかけずに電子レンジで15秒加熱し、フレンチマスタードを混ぜる。
4. パン2枚の片面に[3]の半量を塗り、[2]の半量をパンの中心に山高にこんもりとのせ、もう1枚のパンではさむ。同様にもう1組作り、ラップでぴっちりと包んで10分おき、食べやすい大きさに切り分ける。

ガーリック液をたっぷり吸わせて

悪魔のガーリックトースト

■**材料**（作りやすい分量）

フランスパン …… $\frac{1}{3}$〜$\frac{1}{2}$本
A オリーブオイル …… 大さじ2〜3
バター …… 20〜30g
にんにく（すりおろし）…… 大1かけ
塩 …… 小さじ$\frac{1}{4}$
粉チーズ …… 適量

■**作り方**

1. フランスパンは縦4等分に切り、食べやすい大きさのスティック状に切る。
2. フライパンに**A**を入れて弱火にかけ、香りが出てきたら、[1]を移動させながらパンの断面にオイルをしみ込ませ、こんがりと焼く。
3. 器に[2]を盛り、粉チーズ、お好みでドライパセリをかける。

弱火で焦げないように焼いて

ふわとろ♡フレンチトースト

■**材料**（2人分）

食パン（6枚切り）…… 2枚
スライスハム …… 2枚
溶けるチーズ …… 60g
バター …… 10g
A 牛乳 …… $\frac{1}{2}$カップ（100mℓ）
卵 …… 2個
砂糖 …… 大さじ1
塩 …… 少々
はちみつ …… 適量

■**作り方**

1. 大きめのバットに**A**を入れて混ぜ合わせる。
2. 食パンは半分に切る。[1]に加えて全体になじむまで5分ほどおく。ハムは半分に切る。
3. フライパンにバター5gを弱めの中火で溶かし、[2]のパンの半量を並べてごく弱火〜弱火で焼く。こんがり焼けたら裏返し、パンの1切れにハム、溶けるチーズ、ハムを順にのせ、もう1切れのパンを重ねる。ふたをしてチーズがほどよく溶けるまで焼く。同様にもう1つ作る。器に盛り、はちみつをかける。

PART 3

魚介のおかず

肉のおかずに比べると魚介を使ったおかずは地味でマンネリぎみ。
でも、もっともっと好きになってほしいと願いを込めて
もの足りなさを感じさせないメニューを編み出しました。
切り身や刺身、むきえびなどおなじみの食材を使い、
フライパンやレンジなどで作れる手間いらずのレシピをお届けします。

疲れがとれて元気になれる

鮭と長ねぎの南蛮漬け

フライパン1つ　作っておける

さっぱりとした魚のおかずが食べたいとき、本当によく作ります。**カリッと揚げ焼きにした鮭**とたっぷりの長ねぎさえあれば、あとは常備している調味料でできちゃいます。長ねぎは青い部分も余らせず使って。彩りがよくなります。

■材料（作りやすい分量）

生鮭 …… 4切れ
長ねぎ …… 1本
塩、こしょう、薄力粉 …… 各適量
サラダ油 …… 大さじ3

A
- だし汁 …… 1カップ（200mℓ）
- 酢、しょうゆ …… 各大さじ4
- 砂糖 …… 大さじ2
- みりん …… 大さじ1
- 塩 …… 小さじ1/4

■作り方

1. 長ねぎは5cm長さの細切りにし、塩少々（分量外）をもみ込み、水で洗って水けをよく絞る。フライパンに**A**を入れて中火にかけ、煮立ったら火を止めてバットなどに移し、長ねぎを漬けておく。
2. 鮭は骨を取り除いて3〜4等分に切り、塩、こしょうを強めにふり、薄力粉をまぶす。
3. [1]のフライパンをきれいにし、サラダ油を中火で熱し、[2]を皮目から焼く。焼き色がついたら裏返し、3〜4分焼く。焼けた鮭から[1]のバットに加え、30分以上なじませる。

●冷蔵3日

Point

鮭は皮目までカリッと焼く

鮭は皮目まで香ばしくカリッと焼いてください。こうすると時間がたっても生臭くなく、おいしさが長持ちします。

翌々日までおいしい！

揚げもののハードルを高くしているのが、小麦粉や卵が入ったいわゆるバッター液。このフライはバッター液は使わず、**マヨネーズをからめてお手軽に衣づけします。**マヨのコクがプラスされて、ふっくらジューシーです。

Point

酒と塩で臭みを取る

鮭は酒、塩をふって5分おくと余分な臭みが抜けます。この後、水けを拭いてマヨネーズを塗り、衣をつけて揚げてください。

バッター液のいらないフライです

鮭のふんわり揚げ焼きフライ

フライパン1つ　15分以内　お弁当向き

■材料（2〜3人分）

生鮭 …… 3切れ
塩 …… 小さじ¼
酒 …… 大さじ1
こしょう …… 少々
マヨネーズ …… 大さじ2と½
A　パン粉 …… ½カップ
　　粉チーズ …… 大さじ2
サラダ油 …… 適量

■作り方

1. 生鮭は骨を取り除いて2〜3等分に切り、酒、塩をふって5分おく。バットに**A**を入れて合わせておく。
2. ①の鮭の水けを拭いてこしょうをふり、マヨネーズを全体に塗る。**A**を全体にしっかりとまぶしつける。
3. フライパンにサラダ油を深さ2cmほど注いで弱めの中火で熱し、②をときどき返しながら4分ほど揚げ焼きにし、油をよくきる。器に盛り、お好みでレモンのくし形切りを添える。

そのまま焼くだけだとちょっともの足りなさを感じる鮭のソテー。**粒マスタードを塗ってチーズをのせて蒸し焼き**にしてみてください。淡泊な鮭もチーズでコクが増し、粒マスタードの酸味と辛味で飽きずに食べられます。

粒マスタードの風味がアクセント

鮭のチーズソテー

■材料（2人分）

生鮭 …… 2切れ
塩 …… 小さじ½
こしょう …… 少々
薄力粉 …… 大さじ1
サラダ油 …… 小さじ2
粒マスタード …… 大さじ2
溶けるチーズ …… 40g

■作り方

1 鮭は塩をふって5分おき、水けを拭いてこしょうをふる。骨があれば取り除き、薄力粉をまぶす。

2 フライパンにサラダ油を弱めの中火で熱し、[1]を盛りつけるほうを下にして入れ、2分ほど焼く。焼き色がついたら裏返して1分ほど焼く。

3 [2]に粒マスタードを塗って溶けるチーズをのせ、ふたをしてチーズが溶けるまで2〜3分蒸し焼きにする。器に盛り、お好みでパセリのみじん切りをちらし、レンジで加熱したじゃがいもを添える。

酒をふってふっくら仕上げる

塩鮭と白菜のしょうが蒸し

■材料（2人分）

塩鮭(中辛口) …… 2切れ
白菜 …… 2枚(150g)
酒 …… 大さじ1
塩 …… 小さじ¼
しょうが(せん切り) …… 1かけ
ごま油 …… 小さじ1

■作り方

1 鮭は水けを拭き、酒をからめておく。白菜は葉をざく切りにし、芯はそぎ切りにする。

2 耐熱皿に白菜の葉、芯の順に広げ入れて塩をふり、鮭をのせてしょうがをちらす。ふんわりとラップをかけて電子レンジで5分加熱し、そのまま2分蒸らす。

3 器に[2]を軽く汁けをきって盛り、ごま油をまわしかける。

フライパンでちゃんちゃん焼き風

鮭とキャベツのみそマヨ炒め

■材料（2人分）

生鮭 …… 3切れ
キャベツ …… ⅙個(100g)
しめじ …… ½パック(50g)
塩、こしょう、薄力粉 …… 各適量
サラダ油 …… 大さじ1
酒 …… 大さじ1
A マヨネーズ、みりん …… 各大さじ1
　みそ …… 大さじ½
　にんにく(すりおろし) …… ½かけ

■作り方

1 キャベツはひと口大のざく切りにし、しめじは石づきを取り、手でほぐす。鮭は水けを拭き、骨を取り除いてひと口大に切り、塩、こしょう、薄力粉をまぶす。

2 フライパンにサラダ油を中火で熱し、[1]の鮭を2分ほど焼く。焼き色がついたら裏返し、2分ほど焼く。鮭の横でキャベツ、しめじを炒める。

3 [2]に酒をふり入れ、ふたをして弱めの中火で1分蒸し焼きにする。ふたを取り、混ぜ合わせたAを加え、火を強めて煮からめる。

蒸し煮にすればいつまでもしっとり！

ハイブリッド鮭フレーク

■材料（作りやすい分量）

塩鮭（中辛口）…… 4切れ
辛子明太子
…… 小1腹（40g）
酒 …… 大さじ4
A みりん …… 大さじ½
ごま油 …… 小さじ1

■作り方

1 鮭は水けを拭いてフライパンに並べる。酒をふり、ふたをして弱めの中火で4〜5分蒸し煮にする。

2 フライパンから鮭を取り出して水けを拭き、骨と皮を取り除いて粗めにほぐす。辛子明太子はキッチンばさみで細かく切る。

3 2のフライパンをきれいにし、油を引かずに2の鮭をパチパチと音が出るまで炒める。水分がとんだら辛子明太子を加えて1分炒め、Aを加えてひと炒めする。

●冷蔵4日
●冷凍2週間

れんこんの歯ごたえが絶妙

塩鮭とれんこんのオイル煮

■材料（2人分）

塩鮭（中辛口）…… 2切れ
れんこん …… 100g
にんにく（薄切り）…… 1かけ
赤唐辛子（小口切り）…… 1本
A オリーブオイル
…… 大さじ5
塩 …… 小さじ⅓

■作り方

1 れんこんは皮をむいて5㎜厚さのいちょう切りにし、さっと水にさらして水けをきる。鮭は水けを拭いて骨を取り除き、ひと口大に切る。

2 フライパンにAを入れてよく混ぜ、1、にんにく、赤唐辛子を加える。弱めの中火にかけ、ふつふつしてきたら弱火にしてふたをし、途中具材の上下を返しながら10分蒸し煮にする。器に盛り、お好みでドライパセリをかける。

魚のおかずで迷ったらコレ!

かじき

魚があまり好きでない人でも喜んでくれるのが竜田揚げ。おいしく仕上げるには、**しょうゆと酒、しょうが**のシンプルないつもの漬けだれに、**ごま油をひとさじ**入れてみてください。これだけで味わいがアップします。

Point

ごま油をちょい足し

かじきにしょうゆ、酒、しょうがのすりおろしと、ほんの少しのごま油を足して10回もみ込みます。5分おいたら揚げる直前に片栗粉をまぶして。

下味は袋で漬けるからラクチン!

かじきの竜田揚げ

■材料 (2～3人分)

かじき …… 3切れ
A しょうゆ …… 大さじ2
酒 …… 大さじ1
しょうが(すりおろし) …… ½かけ
ごま油 …… 小さじ1
片栗粉 …… 大さじ3～4
サラダ油 …… 適量

■作り方

1. かじきは水けを拭き、大きめのひと口大に切る。ポリ袋に入れて**A**を加えて10回もみ込み、5分おく。
2. 1の汁けをきって揚げる直前に片栗粉をまぶす。
3. フライパンにサラダ油を深さ2cmほど注いで170℃に熱し、2を入れる。衣がかたまってきたら裏返し、ときどき上下を返しながら2～3分揚げる。仕上げに火を強めて1分揚げ、油をよくきる。お好みでモロッコいんげんを2～3等分に切って素揚げにし、塩をふって添える。

ほどよい酸味とコクのバランスが絶妙な、ポン酢しょうゆとマヨネーズのコンビ！**イチ押しの味つけ黄金比は、覚えやすい１：１。**かじきに薄力粉をまぶしてから炒めるとたれがよくからみます。

肉にも魚にも厚揚げにも合う！

かじきと小松菜のポンマヨ炒め

フライパン1つ　15分以内

材料（2～3人分）

かじき …… 3切れ
小松菜 …… 2～3株
にんにく（みじん切り）…… ½かけ
塩、こしょう、薄力粉 …… 各適量
ごま油 …… 小さじ2
A ポン酢しょうゆ、マヨネーズ …… 各大さじ1と½

作り方

1. 小松菜は4cm長さに切る。かじきは水けを拭き、4cm長さ×1cm幅の棒状に切り、塩、こしょうをふり、薄力粉を薄くまぶす。
2. フライパンにごま油、にんにくを入れて弱めの中火で熱し、香りが出てきたら[1]のかじきを炒める。かじきの色が変わったら、小松菜を茎、葉の順に加えて炒め合わせる。
3. 混ぜ合わせた**A**を加え、全体にからめながら炒め合わせる。

焦がしバターソースさえあればいい♡

バター、しょうゆ、酒、にんにくでさっと作れる焦がしバターソース。本当においしくて、かじき以外でも鮭やたらなどにもよく合います。このレシピはコツらしいコツはありません。ソースがごちそうにしてくれるのです。

肉に負けない食べごたえ！

かじきのバターじょうゆステーキ

フライパン1つ

■材料（2人分）

かじき …… 大２切れ
トマト（1.5㎝厚さの輪切り）…… 4枚
塩、こしょう …… 各適量
薄力粉 …… 小さじ2
オリーブオイル …… 大さじ1
A バター …… 10g
　酒、しょうゆ …… 各大さじ1
　にんにく（すりおろし）…… ½かけ

■作り方

1 かじきは水けを拭き、塩、こしょうをふり、薄力粉をまぶす。

2 フライパンにオリーブオイルを中火で熱し、1を2〜3分焼く。焼き色がついたら裏返して2分ほど焼く。かじきの横でトマトの両面を焼き、器に盛り合わせる。

3 2のフライパンにAを加え、フライパンをゆすりながら少しバターが色づいてくるまで煮つめたら、2にかける。

比較的淡泊な味のかじき。しょうゆベースもおいしいですが、**鶏ガラスープの素と生クリームで作る中華風の濃厚な味わいもこれまた格別**です。甘みのある白菜と組み合わせて蒸し煮にすれば、中華料理店顔負けの味に。

蒸し煮でしっとり＆ふっくら

かじきの中華クリーム煮

フライパン1つ　15分以内

■材料（2～3人分）

かじき …… 3切れ
白菜 …… 4枚（200g）
塩、こしょう、薄力粉 …… 各適量
ごま油 …… 小さじ2
A
- 水、生クリーム …… 各½カップ（100mℓ）
- 酒 …… 大さじ1
- 鶏ガラスープの素 …… 小さじ2
- しょうが（すりおろし） …… ½かけ

水溶き片栗粉
- 片栗粉 …… 大さじ½
- 水 …… 大さじ1

■作り方

1. かじきは水けを拭き、ひと口大に切って塩、こしょうをふり、薄力粉を薄くまぶす。白菜の葉はざく切りにし、芯はそぎ切りにする。
2. フライパンにごま油を中火で熱し、①のかじきを2～3分焼く。かじきの横で白菜を炒める。
3. ②に**A**を加えて混ぜ、ふつふつとしてきたら弱火でふたをして3～4分蒸し煮にする。水溶き片栗粉を加えてとろみがつくまで煮る。

PART 3

たら

カリッと焼いて香ばしく

上品なうまみが持ち味のたら。プリプリとした身はとってもくずれやすいので、薄力粉をまぶしてフライパンで加熱するときは、**何度も返さず、カリッと焼くのがコツ。**しょうが風味の和風ソースでいただきます。

たらのプリプリ感が際立つ

たらのガーリックソテー

フライパン1つ　15分以内

■材料（2人分）

生たら …… 2切れ
にんにく（半割りにしてつぶす）…… 1かけ
塩 …… 小さじ1/3
こしょう …… 少々
薄力粉 …… 小さじ4
オリーブオイル …… 大さじ1
A みりん、酒、しょうゆ …… 各大さじ1
しょうが（すりおろし）…… 1/2かけ

■作り方

1 たらは水けを拭き、塩、こしょうをふり、薄力粉をまぶす。

2 フライパンにオリーブオイル、にんにくを入れて弱めの中火にかける。香りが出てきたら、1の盛りつけるほうを下にして入れ、2〜3分焼く。焼き色がついたら裏返し、2〜3分焼いて器に盛る。

3 2のフライパンに**A**を煮立たせ、2のたらにかける。お好みで3等分に切った豆苗とかつお節を混ぜて添える。

甘塩だらは使い勝手のよい切り身魚の代表。味は**淡泊なのでにんにくマヨネーズを塗ってチーズパン粉をまぶします。**トースターで焼けば、コクうまのおかずに大変身！ 今回は青のり粉を使いましたが、乾燥のバジルもおすすめ。

Point

にんにくマヨネーズで衣づけ

淡泊なたらににんにくマヨネーズを先に塗り広げておくと、風味が増し、後からまぶすチーズパン粉がはがれにくくなります。

チーズ風味のパン粉でコクうま！

たらのマヨチーズパン粉焼き

トースター　15分以内

■材料（2人分）

甘塩たら …… 3切れ
ミニトマト …… 3個
A マヨネーズ …… 大さじ1と½
にんにく（すりおろし） …… ½かけ
B パン粉 …… ½カップ
粉チーズ …… 大さじ1
青のり粉 …… 小さじ2

■作り方

1 オーブントースターの天板にアルミホイルを敷き、サラダ油（分量外）を薄く塗る。

2 **A**と**B**はそれぞれ混ぜ合わせておく。

3 たらは水けを拭き、2〜3等分に切る。ミニトマトは横半分に切る。

4 3のたらに**A**を全体に塗り広げ、**B**をまぶしつけて1に並べる。天板のすきまにミニトマトの断面を上にしてのせ、余った**B**をかける。オーブントースターで8〜10分焼く。途中焦げそうな場合はアルミホイルをかぶせる。

PART 3

もう絶対パサつかない！

ぶり

脂がのった身を噛みしめた瞬間、ふっくらジュワッ。みんなが夢中になるごちそうです。だからパサつくのは絶対に避けたい！ **コツは酒をふって蒸し焼きにすることと、たれにひとさじのごま油。** これだけでワンランク上の味になります。

野菜もとれるボリュームおかず

ぶりのふっくら照り焼き炒め

フライパン1つ　15分以内

■材料（2人分）

ぶり …… 2切れ
玉ねぎ …… ½個
パプリカ(赤) …… ½個
塩、こしょう、薄力粉 …… 各適量
サラダ油 …… 大さじ1
酒 …… 大さじ1
A しょうゆ …… 大さじ1と½
砂糖、ごま油 …… 各大さじ½
にんにく(すりおろし) …… ½かけ

■作り方

1 ぶりは水けを拭いてひと口大に切り、塩、こしょうをふり、薄力粉をまぶす。玉ねぎとパプリカは2cm四方に切る。

2 フライパンにサラダ油を中火で熱し、1のぶりを2分ほど焼く。焼き色がついたら裏返し、2分ほど焼く。ぶりの横で玉ねぎ、パプリカを炒める。

3 酒をふり入れ、ふたをして弱めの中火で1分蒸し焼きにする。ふたを取り、混ぜ合わせた**A**を加え、火を強めて煮からめる。

「本当にレンジで作ったの？」ってよく言われます。極上の仕上がりのヒミツは、**みそと片栗粉をたれに混ぜて、加熱する前のぶりにからませること。**レンジで3分加熱して裏返したら、1分加熱してそのまま1分放置。蒸らすことでしっとりふわふわ！

Point

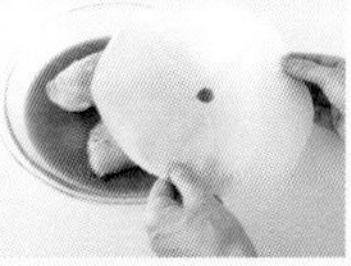

落としぶた＆ラップでレンチン！

調味料をぶりによくからめてから落としぶたをし、ラップをふんわりかけてレンジ加熱します。加熱が終わったら1分そのまま蒸らします。

みそ風味のたれをからめて食べて

ぶりのレンジ煮つけ

レンチン　材料1つ　15分以内

材料（2人分）

ぶり …… 2切れ

A
- 酒、しょうゆ、みりん、水 …… 各大さじ1と$\frac{1}{2}$
- 砂糖、みそ、片栗粉 …… 各小さじ1
- しょうが（すりおろし）…… $\frac{1}{2}$かけ

作り方

1. ぶりは水けを拭く。
2. 耐熱皿に**A**を入れてよく混ぜ、1を加えて全体になじませる。盛りつけるほうを下にしてのせ、オーブンシートで落としぶたをし、ふんわりとラップをかけて電子レンジで3分加熱する。裏返して同様に1分加熱し、そのまま1分蒸らす。
3. 器に2のぶりを盛り、たれをたっぷりかける。お好みで青じそを添える。

煮ものや照り焼きも好きだけど、油淋鶏のようにねぎだれをかけて食べるのも大好き。**カリッと揚げ焼きにしたぶりに、ピリ辛のねぎだれがからむともう至福。**中途半端に余った長ねぎと小ねぎがあれば両方使ってください。

ねぎ好きの心をくすぐる一品

甘酢ねぎだれとぶりの相性は最高！

揚げぶりのねぎまみれ

フライパン1つ　15分以内

材料（2人分）

ぶり …… 3切れ

A
- 酒 …… 大さじ1
- 塩 …… 小さじ1/4
- こしょう …… 少々
- しょうが（すりおろし） …… 1/2かけ

片栗粉 …… 大さじ3

サラダ油 …… 大さじ3

B
- 長ねぎ（粗みじん切り） …… 1/2本
- 小ねぎ（小口切り） …… 5〜6本
- 酢、しょうゆ …… 各大さじ2
- 砂糖 …… 大さじ1
- 豆板醤 …… 小さじ1/2
- ごま油、いりごま（白） …… 各大さじ1

作り方

1. **B**は混ぜ合わせておく。
2. ぶりはさっと洗って水けを拭き、骨があれば取り除き、ひと口大に切る。**A**をからめて5分おき、汁けをきって片栗粉をまぶす。
3. フライパンにサラダ油を中火で熱し、2を入れて4〜5分揚げ焼きし、油をよくきる。器に盛り、1をかける。

じっくり煮るぶり大根も確かにおいしいけど、少し濃いめの味つけでさっとできるぶり大根も絶品。**ぶりと大根はどちらも焼いてから煮ると香ばしさが加わって**、一段階上のおいしさに！大根は乱切りではなく、1cm厚さの半月切りにすれば短時間で味がしみます。

じっくり煮なくていいんです！

Point

焼いてから煮るのがコツ

ぶりは焼いてから煮ると臭みがやわらぐうえ、香ばしさが加わっておいしさがアップ。大根も同様に焼いてから煮てください。

こっくり味で中までしみしみ♪

焼きぶり大根

フライパン1つ　作っておける　お弁当向き

■材料（2～3人分）

ぶり …… 3切れ
大根 …… 8cm（400g）
塩 …… 少々
サラダ油 …… 大さじ1
A
酒 …… ½カップ（100mℓ）
水 …… ¼カップ（50mℓ）
しょうゆ …… 大さじ3
みりん、砂糖 …… 各大さじ1
しょうが（薄切り）…… 2枚

●冷蔵3日

■作り方

1. ぶりはさっと洗って水けを拭き、大きめのひと口大に切り、塩をふる。大根は1cm厚さの半月切りにする。
2. フライパンにサラダ油大さじ1/2を中火で熱し、1のぶりの両面を合わせて3～4分焼き、焼き色がついたら一度取り出す。
3. 2のフライパンに残りのサラダ油を足し、1の大根を入れて両面を2分ずつ焼く。2のぶりを大根の上に戻し入れ、**A**を加える。
4. 煮立ったら落としぶたをしてふたをし、弱めの中火で8～10分蒸し煮にする。ふたを取り、火を強めて煮からめる。

PART
3

さば

煮魚が苦手な夫に食べてもらいたくて考えたレシピ。通常は、さばに熱湯をまわしかけて臭みを取りますが、うちでは**片栗粉をまぶして焼いてから煮ます。**こうするとさば特有の臭みが取れて、煮くずれもしません。

片栗粉をまぶして焼くとふっくら

Point

ひと工夫で特有の臭みがとれる

臭みをやわらげるために熱湯をまわしかける下処理は不要。さばに片栗粉をまぶして焼いてから煮ます。特有の臭みが取れて、煮くずれの心配もナシ。

骨付きのさばはだしが出ておいしい

さばとごぼうのみそ煮

フライパン1つ　15分以内

■材料（2人分）

生さば（2枚おろし・骨付き）
…… ½尾分（2切れ）
ごぼう …… 1本（150g）
片栗粉 …… 大さじ1
サラダ油 …… 大さじ1
しょうが（薄切り） …… 2枚
A 水 …… 1カップ（200㎖）
酒、みりん …… 各大さじ2
砂糖 …… 大さじ1と½
しょうゆ …… 大さじ½
みそ …… 大さじ2

■作り方

1. ごぼうは5㎜厚さの斜め薄切りにし、水にさらして水けをきる。さばは血合いがついていれば水でさっと洗って水けを拭く。1㎝間隔で縦に切り込みを入れて薄く片栗粉をまぶす。
2. フライパンにサラダ油を中火で熱し、さばを皮目を下にして入れて焼く。焼き色がついたら裏返し、2分ほど焼く。
3. 余分な油を拭き取り、ごぼう、しょうが、**A**を加えて煮る。煮立ったらアクを取り除き、落としぶたをして中火で3～4分煮て一度火を止める。
4. みそを溶き入れ、再び中火にかけ、煮汁をかけながら3～4分煮る。

さばの塩焼きをふっくらおいしく焼くのは意外と難しいですが、フライパンならかんたんなんです。香ばしさをプラスしたいので、**薄力粉を薄くまぶして焼いて、裏返したらふたをして弱火で蒸し焼き**にしましょう。

表面カリッ、中はふっくら

さばの極上フライパン塩焼き

■材料（2人分）

生さば（3枚おろし）…… ½尾分
塩、薄力粉 …… 各適量
サラダ油 …… 大さじ2

■作り方

1 さばは半分に切り、皮目に十字の切り込みを入れる。1切れの両面に塩をふたつまみずつをふり、10分おく。

2 1の水けを拭き取り、薄力粉を薄くまぶす。

3 フライパンにサラダ油を中火で熱し、さばの皮目を下にして入れ、4〜5分焼く。身が白くなってきたら裏返し、ふたをして弱火で3〜4分蒸し焼きにする。器に盛り、お好みで大根おろしにしょうゆをかけて添える。

地中海の風を感じるオシャレな映えレシピ……なのですが、手間はまったくかかっていません。**骨抜き済みの便利な塩さばをレンチンするだけ**なので超かんたん！　煮汁は栄養たっぷりで美容にもいいので、まるごと味わってください。

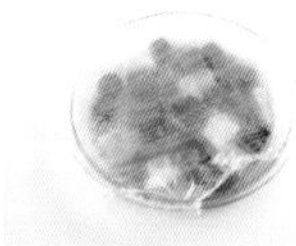

Point

加熱後2分蒸らせばふっくら

時間通りにレンジで加熱したら、そのまま2分蒸らしてください。さばの中まで味がしみ込み、ふっくらおいしく仕上がります。

本当にレンチンだけ！？と疑いたくなる

塩さばとミニトマトのアクアパッツァ風

レンチン　15分以内

材料（2人分）

塩さば（半身・骨抜き済み）……2枚（200g）
ミニトマト……8〜10個
こしょう……少々
A　オリーブオイル……大さじ2
　白ワイン……大さじ1
　しょうゆ……小さじ2
　にんにく（すりおろし）……小さじ1

作り方

1. 塩さばは水けを拭き、3〜4等分に切り、こしょうをふる。
2. 耐熱皿に1を並べて混ぜ合わせたAをかけ、空いたところにミニトマトをのせる。ふんわりとラップをかけ、電子レンジで4〜5分加熱し、そのまま2分蒸らす。
3. 器に2を盛り、お好みで粗挽き黒こしょう、ドライパセリをかける。

便利な塩さばを使った、ごはんがとっても進むおかずです。さばは皮目から焼いてカリッとさせます。**味つけはソースとしょうゆだけ！** かんたんにできて冷めてもおいしい、ごはんにも合う。3拍子そろっているのでお弁当にもぴったりです。

ソースとさばが意外と合う

塩さばと玉ねぎのソース炒め

フライパン1つ　15分以内　お弁当向き

材料（2人分）

塩さば（半身・骨抜き済み）…… 2枚（200g）
玉ねぎ …… ½個
小ねぎ …… 4本
サラダ油 …… 大さじ1
A ウスターソース …… 大さじ1
　しょうゆ …… 大さじ½

作り方

1. 塩さばは水けを拭き、2cm幅に切る。玉ねぎは薄いくし形切りにしてほぐす。小ねぎは5cm長さに切る。
2. フライパンにサラダ油を中火で熱し、1のさばを皮目から入れ、両面合わせて3〜4分焼く。さばの横で玉ねぎを炒める。
3. さばに火が通り、玉ねぎが透き通ってきたら小ねぎ、**A**を加えて炒め合わせる。

PART 3

あじ

あじの南蛮漬けは定番ですが、洋風マリネもこれまたおいしい！ **マリネ液にコンソメを少し加えるのが私のコツ。** たったこれだけで、時間がたっても魚独特のにおいがまったく気にならず、玉ねぎとパプリカ、あじのうまみだけを堪能できます。

3枚おろしは魚売り場にお願いしちゃおう！

あじの洋風マリネ

フライパン1つ　作っておける

■材料（作りやすい分量）

あじ（3枚おろし）…… 3尾
玉ねぎ …… 1/2個
パプリカ（赤）…… 1/2個
塩、こしょう、薄力粉 …… 各適量
サラダ油 …… 大さじ2
A 顆粒コンソメスープの素、砂糖 …… 各小さじ1
　塩 …… 小さじ1/2
　酢 …… 大さじ2
　水 …… 大さじ1
　オリーブオイル …… 大さじ2

●冷蔵3日

■作り方

1. 玉ねぎは繊維を垂直に薄切りにし、水に3分さらして水けをよく絞る。パプリカは細切りにする。バットなどに**A**を順に入れてよく混ぜ、野菜を漬けておく。
2. あじは小骨を取り除いて4〜5等分に切り、塩、こしょうを強めにふり、薄力粉をまぶす。
3. フライパンにサラダ油を弱めの中火で熱し、[2]の皮目を下にして入れ、2〜3分焼く。焼き色がついたら裏返し、2〜3分焼く。焼けたものから[1]に加えて1時間以上おく。

お肉のハンバーグはお酒に合わない！という人もいますが、あじで作るハンバーグは**ごはんにも、お酒にも、お弁当にもぴったりという万能ぶり**。子どもにも年配の方にも喜ばれます。いわしで作ってもいいですし、お刺身用の魚なら生のままなめろうとして食べても！

Point

食感が少し残るくらいまでたたく

あじを細かめのぶつ切りにしてから、食感が少し残るくらいまで包丁でたたきます。後は香味野菜とみそを加えて混ぜるだけで終了です。

香味野菜とみそでソースいらず

あじの和風ハンバーグ

フライパン1つ　作っておける　冷凍できる　お弁当向き

■材料（6個分）

あじ（3枚おろし）…… 3尾
長ねぎ …… ½本
A　みそ …… 大さじ2
　しょうが（すりおろし）…… 1かけ
　梅干し（種を除いてたたく）…… 1個
薄力粉 …… 適量
サラダ油 …… 大さじ1

●冷蔵3日
●冷凍2週間

■作り方

1 あじは小骨と皮を取り除き、細かめのぶつ切りにしてから包丁でたたく。長ねぎは粗みじん切りにする。

2 1のあじに長ねぎ、Aを加えてたたき混ぜる。6等分の楕円形にまとめ、薄力粉を薄くまぶす。

3 フライパンにサラダ油を弱めの中火で熱し、2を2分ほど焼く。焼き色がついたら裏返し、弱火でふたをして3分ほど蒸し焼きにする。器に盛り、お好みで青じそを添える。

パパッとのせるだけで豪華！

いろいろなお刺身がちょっとずつ入ったお得なパックを見つけたらこれに決まり！ オクラが入ると華やかになって、栄養面も安心。しょうゆ、みりん、めんつゆ、ごま油を混ぜただけのかんたんだれが味をランクアップさせます。

Point

めんつゆとごま油をちょい足し

混ぜるだけのかんたんだれ。めんつゆとごま油を加えることでだしの風味、コクがプラスされ、とびきりおいしくなります。

極上のたれがランクアップさせます

少ないお刺身で華やか海鮮丼

レンチン　15分以内

材料（2人分）

まぐろ、たい、サーモン（刺身用）
　…… 合計200〜250g
オクラ …… 4〜5本
温かいごはん …… どんぶり2杯分
A　みりん …… 大さじ1
　しょうゆ …… 小さじ2
　めんつゆ（3倍濃縮） …… 大さじ½
　ごま油 …… 小さじ1
いりごま（白）、焼きのり …… 各適量

作り方

1. 耐熱容器にAのみりんを入れ、ラップをかけずに電子レンジで20秒加熱する。冷めたら残りのAと混ぜ合わせる。
2. オクラはがくを除き、塩（分量外）をまぶして手でこすり、洗って水けをきる。互い違いになるように耐熱皿に並べ、ふんわりとラップをかけて電子レンジで30秒〜1分加熱する。冷水にとって冷まし、1cm厚さの小口切りにする。
3. まぐろ、たい、サーモンは角切りなど食べやすい大きさに切る。
4. 器にごはんをよそい、いりごま、ちぎった焼きのりをちらす。2と3を盛り合わせ、1をかける。お好みで練りわさびを添える。

塩をまぶしておくともっちり♪

切ってあえるだけのかんたんレシピ。だからこそ、ちょっとのコツで差が出ます。**まぐろに塩をふって10分放置**して余分な水けを出せば、もっちり満足感のある口当たりに。お値打ちのまぐろで試してみてください。

コクうまのみそだれがマグロとアボガドにマッチ

まぐろとアボカドのポキ

15分以内

材料（2人分）

まぐろ（刺身用）…… 1さく（180g）
アボカド …… 1個
小ねぎ（小口切り）…… 2〜3本
A
- みそ …… 小さじ1〜大さじ½
- しょうゆ …… 小さじ1
- 酢、砂糖、ごま油 …… 各小さじ1
- 塩 …… 少々

作り方

1. まぐろは塩小さじ2（分量外）を全体にまぶし、10分おく。表面の塩を洗い流して水けを拭き取り、2cm角に切る。アボカドは種と皮を取り除き、2cm角に切る。
2. ボウルに**A**を入れて混ぜ合わせ、[1]、小ねぎを加えてさっくりあえる。

ゆずこしょう入りの和風仕立てのソースが私の大のお気に入り。塩、砂糖、しょうゆ、ゆずこしょうを**酢にしっかりと溶かしてから、**オリーブオイルを混ぜて**とろりとするまで乳化させましょう。**このソース、どんなお刺身にでも合って本当に万能なんです。

せん切りのレタス、白髪ねぎを巻いて食べても◎

たいとサーモンのカルパッチョ

15分以内

■材料（2～3人分）

たい（刺身用）…… 100g
サーモン（刺身用）…… 100g
A
- 塩 …… 小さじ¼
- 砂糖、ゆずこしょう …… 各小さじ½
- しょうゆ …… 大さじ½
- 酢 …… 大さじ1
- オリーブオイル …… 大さじ1と½

■作り方

1 ボウルに**A**を順に入れてよく混ぜ合わせる。

2 たいとサーモンは食べやすい厚さに切り、器に盛り合わせる。1をまわしかける。

お刺身用のサーモンがお安く手に入ったら、そのまま食べる方法以外におすすめなのがコンフィ！ **水、塩、砂糖を混ぜた液に漬けてから、オイルと一緒にチャック付き保存袋に入れて低温調理**でじわじわと火を通します。生のサーモンとは違った絶妙な口当たりになります。作っておけば翌々日まで食べられます。

空気を抜いて真空状態に

低温調理をする前に真空状態にします。水を張ったボウルに袋をしずめながら空気を抜いて密閉してください。加熱ムラが防げます。

作りおきもできる、絶妙レア食感

サーモンのコンフィ

■材料（作りやすい分量）

サーモン（刺身用）…… 200g

A
- 水 …… 1カップ（200mℓ）
- 塩 …… 小さじ4
- 砂糖 …… 小さじ2

B
- オリーブオイル …… 大さじ2
- 塩 …… 小さじ1/4
- にんにく（薄切り）…… 1/2かけ
- ローズマリーなどのハーブ（お好みで）…… 適量

C
- プレーンヨーグルト、マヨネーズ …… 各大さじ1
- 塩 …… ふたつまみ
- レモン汁 …… 小さじ1

●冷蔵3日（低温調理した状態）

■作り方

1 **A**は砂糖と塩をよく溶かす。サーモンは水けを拭き、**A**とともにチャック付き保存袋に入れ、冷蔵室で1時間ほどおく。

2 袋からサーモンを取り出して汁けを拭く。耐熱性のチャック付き保存袋に入れ替え、**B**を加えてなじませる。袋の空気をしっかり抜いて真空状態にする。

3 鍋に湯（分量外）を沸かし、温度計を使って45℃に設定する（給湯器の湯でもよい）。[2]をゆっくりしずめてふたをして20分おく。時間がきたら袋ごと取り出して冷蔵室で冷やしておく。

4 袋からサーモンを取り出して汁けをきり、食べやすい大きさに切る。お好みでブロッコリースプラウトを敷いた器に盛り、混ぜ合わせた**C**をかける。

みんなが好きなオイスターソース味

えび

かんたんな炒めものですが、食材の歯ごたえがおいしさを左右します。**ブロッコリーは蒸し焼きにしてほどよい歯ごたえをキープ。えびは火を通しすぎないように**プリッと仕上げます。

少ない調味料で作れるのがうれしい

えびとブロッコリーの中華風炒め

フライパン1つ　15分以内

材料（2～3人分）

むきえび …… 13～14尾（200g）
ブロッコリー …… ½株
にんにく（みじん切り） …… 1かけ
ごま油 …… 大さじ1
A 酒、オイスターソース …… 各大さじ1
　しょうゆ …… 小さじ1

作り方

1. えびは背わたがあれば取り、塩、片栗粉（ともに分量外）をもみ込んでよく洗い、水けをきる。ブロッコリーは小房に分ける。
2. フライパンに1のブロッコリー、塩、サラダ油各少々、水大さじ2（ともに分量外）を入れて弱めの中火にかけ、ふたをして2分ほど蒸し焼きにして一度取り出す。
3. 2のフライパンにごま油、にんにくを入れて中火で熱し、香りが出たら1のえびを加えて2～3分炒める。2のブロッコリーを戻し入れ、**A**を加えて炒め合わせる。

うまみが強いもの同士を組み合わせた絶品スープカレー。えびのおいしさを最大限に生かすために、**塩、片栗粉をもみ込んでよく洗い、えび特有の臭みを取ります。**玉ねぎは2〜3分炒めて甘みを引き出してください。

Point

塩と片栗粉で臭みを取る

えびに塩と片栗粉をもみ込んで流水でよく洗い、水けをきってから調理します。えび特有の臭みが取れ、おいしいうまみだけが残ります。

2種類のきのこでうまみしっかり!

えびときのこのスープカレー

フライパン1つ　15分以内

■材料（2〜3人分）

むきえび …… 15〜16尾（250g）
玉ねぎ …… ½個
エリンギ …… 1本
マッシュルーム …… 5個
にんにく（みじん切り） …… 1かけ
しょうが（みじん切り） …… 1かけ
オリーブオイル …… 大さじ1
カレー粉 …… 大さじ½
A 水 …… 2カップ（400mℓ）
牛乳 …… ¼カップ（50mℓ）
顆粒コンソメスープの素 …… 小さじ2
しょうゆ …… 大さじ1
ウスターソース、トマトケチャップ …… 各大さじ½
塩 …… 小さじ¼
温かいごはん …… 適量

■作り方

1 えびは背わたがあれば取り、塩、片栗粉（ともに分量外）をもんでよく洗い、水けをきる。玉ねぎは薄切りにする。エリンギは縦半分に切ってから縦2〜4等分に切り、マッシュルームは根元を少し切り、4等分に切る。

2 深さのあるフライパンにオリーブオイル、にんにく、しょうがを入れて弱めの中火で熱し、香りが出たら玉ねぎを加えて3〜4分炒める。

3 えび、きのこ類を加えて炒め、えびの色が変わったら、カレー粉を加えて1分ほど炒める。**A**を加えて混ぜ、ふたをして弱めの中火で3〜4分蒸し煮にする。器に盛り、ごはんを添える。

えびの殻はうまみの宝庫。この殻を最初に揚げ焼きにします。**残った油はおいしいエキスがたっぷり入っているので、この油を使ってえびを焼いていきます。殻のチップスは仕上げにト**ッピングするのでムダなし！

えび好きも納得！

Point

マリネ液に漬けておく

マリネ液にえびをしっかり漬けてください。えびの中まで味がしみ込み、オイル効果でふっくらとした口当たりになります。

殻のうまみも最大限に使って

ガーリックシュリンプ

フライパン1つ

材料（2〜3人分）

有頭えび …… 12〜15尾（250g）

A 玉ねぎ（みじん切り）…… ¼個
にんにく（みじん切り）…… 2かけ
昆布茶 …… 小さじ1
塩 …… 小さじ½
オリーブオイル …… 大さじ2

サラダ油 …… 大さじ3
バター …… 10g

作り方

1. えびは殻をむいて背わたを取り、えびの殻を取っておく。塩、片栗粉（ともに分量外）をもみ込んでよく洗い、水けを拭く。チャック付き保存袋に**A**、えびの身を入れ、冷蔵室で30分ほどおく。

2. 1のえびの殻は水けを拭き、サラダ油とともにフライパンに入れる。弱めの中火にかけ、カリッとするまで揚げ焼きにし、油から殻を取り出す。取り出した殻に塩（分量外）をふる。

3. 2の油が入ったフライパンに1のえびの身を袋から取り出して入れ、2分ほど焼いて一度取り出す。

4. マリネ液の残り、バターを加えて中火で熱し、煮つまってきたら3のえびの身を戻し入れ、さっとからめる。器に盛り、2のえびの殻を砕いてかける。

ごはんがいくらあっても足りない!?

えびにとろみのあるうま辛あんがたっぷりからんで、えび愛好家にはたまらない人気おかず。**香味野菜と豆板醤は香りが立つまで炒めるのがコツ。**材料は多めですが、この味がおうちで作れたら文句ナシ！

豆板醤の量はお好みで調節して

おうちえびチリ

フライパン1つ　15分以内

材料（2～3人分）

有頭えび …… 12～15尾（250g）
塩、こしょう …… 各適量
片栗粉 …… 大さじ1
ごま油 …… 大さじ2

A
長ねぎ（粗みじん切り）…… ½本
にんにく（みじん切り）…… ½かけ
しょうが（みじん切り）…… ½かけ
豆板醤 …… 小さじ½～小さじ1

B
水 …… 大さじ6
トマトケチャップ …… 大さじ2と½
酒 …… 大さじ1
しょうゆ …… 小さじ2
砂糖、酢 …… 各大さじ½
鶏ガラスープの素 …… 小さじ1

作り方

1 えびは殻をむいて背わたがあれば取り、塩、片栗粉（ともに分量外）をもみ込んでよく洗い、水けをきる。塩、こしょうをふり、炒める直前に片栗粉をまぶす。**B**は混ぜ合わせておく。

2 フライパンにごま油大さじ1を中火で熱し、[1]のえびを2～3分炒め、一度取り出す。

3 [2]のフライパンに残りのごま油を弱めの中火で熱し、**A**を加えて2分ほど炒める。香りが出てきたら**B**を加えて火を強めて煮立たせ、[2]を戻し入れて全体に少しとろみがつくまで煮る。

いかのやわらかさを堪能♪♪

火を通しすぎるとゴムみたいな食感になってしまういか。細すぎない、太すぎない8㎜厚さの輪切りにして、**とにかくさっと炒めるのがコツ！**ワイン好きな夫の大好物です。

加熱時間は短めと覚えて！

いかのやわらか炒め

フライパン1つ　15分以内

■材料（2人分）

いか …… 2はい
にんにく（粗みじん切り）…… 1かけ
小ねぎ（小口切り）…… 4～5本
オリーブオイル …… 大さじ½
バター …… 10g
塩、こしょう、しょうゆ …… 各少々

■作り方

1. いかは軟骨、内臓、目、くちばしを取ってよく洗う。水けを拭いて皮つきのまま胴は8㎜厚さの輪切りにする。足は先端を切り落として食べやすい長さに切る。えんぺらも食べやすく切る。
2. フライパンにオリーブオイル、バター、にんにくを入れて弱めの中火で熱し、香りが出たら1を加えて中火で1分ほど炒める。
3. いかの色が変わったら塩、こしょう、しょうゆで味をととのえ、小ねぎを加えてさっと炒め合わせる。

いかにやわらかく火を通す方法、レンジで叶います。**白ワイン、水と一緒にレンジで3分加熱してそのまま2分ほど蒸らします。**たったこれだけでしっとりやわらかな、なんとも言えない食感に。パプリカもレンジにおまかせです。

Point

レンジでしっとり蒸す

いかは白ワイン、水と一緒にレンジで加熱してそのまま蒸らすだけ。鍋でゆでるより、かんたんにやわらかく仕上がります。

すべてレンジで完了です

いかとパプリカのマリネ

レンチン　作っておける

■材料（2人分）

いか …… 1ぱい
パプリカ（赤） …… ½個
パプリカ（黄） …… ½個
A
白ワイン（または酒） …… 大さじ2
水 …… 大さじ3
B
砂糖 …… 小さじ½
塩 …… 小さじ⅓
酢 …… 大さじ1
粒マスタード …… 大さじ1
オリーブオイル …… 大さじ2

■作り方

1 いかは軟骨、内臓、目、くちばしを取ってよく洗う。水けを拭いてペーパータオルで使って皮をむき、胴は5㎜厚さの輪切りにする。足は先端を切り落として食べやすい長さに切る。えんぺらも食べやすく切る。

2 耐熱皿に[1]を広げて入れて**A**を加えて混ぜる。ふんわりとラップをかけ、電子レンジで1分30秒加熱する。取り出して上下を返して1分30秒加熱し、そのまま2分ほど蒸らす。

3 パプリカは繊維に垂直に8㎜厚さに切る。耐熱容器に入れてふんわりとラップをかけて1分加熱する。

4 ボウルに**B**を順に入れて混ぜ合わせ、水けをきった[2]、[3]を加えてあえ、落としラップをして冷蔵室で30分以上おく。

見映えも味も文句なし！

食べやすい厚さに切ってソースをかけるだけ！ なのに、華やかなカルパッチョ。たこをそぎ切りにするとき、**包丁を小刻みに動かしながら表面に凸凹をつける**とソースがよくからんでおいしさがアップします。

Point

表面に凸凹をつける

たこは包丁を寝かせたり立てたりと小刻みに動かしながら、表面に凸凹をつけるように3～4㎜厚さのそぎ切り（さざ波切り）に。ソースがよくからみます。

おもてなしでもササッと出せる

たこのカルパッチョ

15分以内

材料（2人分）

ゆでたこ …… 180g
ブロッコリースプラウト …… ½パック
A レモン汁 …… ½個分
塩 …… 小さじ½
こしょう …… 少々
にんにく（すりおろし） …… ½かけ
オリーブオイル …… 大さじ2

作り方

1. たこは水けを拭き、包丁を小刻みに動かしながら3～4㎜厚さのそぎ切り（さざ波切り）にする。ブロッコリースプラウトは長さを半分に切る。
2. ボウルに**A**を順に入れてよく混ぜ合わせる。
3. 器に1を盛り合わせ、2をまわしかける。

たどり着いたマリネ液です♡

このレシピはマリネ液のおいしさがすべて。シンプルな調味料を混ぜていくだけですが、1つだけコツが。**酢に砂糖と塩をしっかり溶かしてからオイルを加えます。**オイルを先に入れてしまうと、この味わいが出せません。

玉ねぎは水にさらさなくてもOK！

たことトマトのマリネサラダ

15分以内

■材料（2人分）

ゆでたこ …… 180g
トマト …… 1個
玉ねぎ …… ½個
青じそ（手で細かめにちぎる）…… 5枚
A 砂糖 …… 大さじ½
塩 …… 小さじ1
こしょう …… 少々
酢 …… 大さじ1と½
オリーブオイル …… 大さじ1と½

■作り方

1 トマトはひと口大の乱切りにし、種をざっとかき出す。玉ねぎは繊維に垂直に薄切りにする。

2 ボウルに**A**を順に入れて混ぜ合わせ、トマトの種、玉ねぎを加えてあえ、5分おく。

3 たこはひと口大に切る。2に1のトマトと一緒に加え、青じそを加えてざっとあえる。

見てください！このぷっくりした仕上がりを。産地直送じゃなくても、スーパーのかきで誰でもかんたんにできます。**かきに片栗粉をまぶしたら、弱めの中火でじっくり3～5分かけて火を通すだけ！**

Point

片栗粉をまぶすとふっくら

かきに片栗粉をまぶして弱めの中火で焼いてください。加熱しても身が縮みにくく、ふっくら。同時にうまみも栄養も逃しません。

なんてことないけど味は格別！

かきのポン酢バター焼き

フライパン1つ　15分以内　材料1つ

材料（2～3人分）

かき（加熱用）…… 10～12個（200g）
塩、こしょう、片栗粉 …… 各適量
サラダ油 …… 小さじ2
バター …… 5g
ポン酢しょうゆ …… 大さじ1

作り方

1. かきは塩水（水2と1/2カップに対して塩大さじ1が目安・ともに分量外）で1～2回ふり洗いをして汚れを取る。ペーパータオルで水けを拭き、塩、こしょう、片栗粉を薄くまぶす。
2. フライパンにサラダ油を弱めの中火で熱し、1の全体がぷっくりして気泡が少なくなるまで両面合わせて3～5分焼く。
3. バター、ポン酢しょうゆを加えて全体にからめる。器に盛り、お好みで小ねぎの小口切りをちらす。

かきとベーコンのうまみが煮汁にじんわり溶け出した濃厚なクリーム煮。かきは**焼いてから一度取り出し、最後に煮汁と一緒に蒸し煮にする**のがコツ。こうすると身が縮まず、ぷりっぷりでジューシーに。

煮汁までペロリと食べられる

かきとベーコンのクリーム煮

フライパン1つ　15分以内

材料（2〜3人分）

かき（加熱用）…… 12〜14個（250g）
玉ねぎ …… $\frac{1}{4}$個
スライスベーコン …… 2枚
塩、こしょう、薄力粉 …… 各適量
バター …… 20g
酒 …… 大さじ1
A 牛乳 …… $\frac{1}{2}$カップ（100mℓ）
　生クリーム …… $\frac{1}{4}$カップ（50mℓ）
　塩 …… 少々
粗びき黒こしょう …… 適量

作り方

1 かきは塩水（水2と1/2カップに対して塩大さじ4が目安・ともに分量外）で1〜2回ふり洗いをして汚れを取る。ペーパータオルで水けを拭き、塩、こしょう、薄力粉をまぶす。玉ねぎはみじん切りにする。ベーコンは2㎝幅に切る。

2 フライパンにバター10gを弱めの中火で溶かし、[1]のかきを両面合わせて2〜3分焼き、一度取り出す。

3 [2]のフライパンに残りのバターを入れて溶かし、玉ねぎ、ベーコンを入れて炒める。玉ねぎがしんなりしてきたら[2]のかきを戻し入れ、酒をふり、**A**を加えてふたをして弱めの中火で2〜3分煮る。器に盛り、粗びき黒こしょうを、お好みで粉チーズをかける。

ほたてもアスパラガスも火加減が命。**先にアスパラガスを炒めてからほたてをソテーしてください。**アスパラガスのほどよいシャキシャキの歯ごたえが残り、ほたてのとろりとしたレア食感も堪能できます。

ほたては焼きすぎないのがコツ

ほたてとアスパラのバターソテー

フライパン1つ　15分以内

■材料（2人分）

ほたて（刺身用）…… 8〜10個（100〜120g）
アスパラガス …… 2〜3本
サラダ油 …… 大さじ½
バター …… 10g
薄力粉、塩、こしょう …… 各適量
しょうゆ …… 少々

■作り方

1. アスパラガスは根元のかたい皮をピーラーでむき、4㎝長さの斜め切りにする。ほたては水けを拭き、薄力粉をまぶす。
2. フライパンにサラダ油を中火で熱し、[1]のアスパラガスを入れ、塩、こしょうをして1〜2分炒める。
3. バターを加えて溶かし、アスパラガスの横でほたてをの両面を焼く。ほたてに焼き色がついたら、しょうゆを加えてさっとからめる。

旬の時期にぜひ味わって

あさりは身がかたくならないように、**途中で一度、取り出して混ぜてください**。加熱が終わったら、**そのまま1分蒸らします**。これで電子レンジでも思い通りのふっくら加減になります。

レンチンでベストな食感！

あさりの白ワイン蒸し

レンチン　15分以内

■材料（2〜3人分）

あさり（殻付き・砂出し済み）
…… 350g
ブロッコリー …… ⅓株
にんにく（みじん切り）…… 1かけ
白ワイン …… 大さじ2
オリーブオイル …… 大さじ2

■作り方

1 あさりは殻と殻をこすり合わせてよく洗い、水けをきる。ブロッコリーは小さめの小房に分け、茎に切り込みを入れる。

2 耐熱容器に1、にんにくを入れ、白ワイン、オリーブオイルをまわしかける。ふんわりとラップをかけて電子レンジで4分加熱する。取り出して混ぜ、同様に3分加熱し、そのまま1分蒸らす。

Point

砂出しするなら塩水に浸す

あさりに塩水（水1カップに対して塩小さじ1）をひたひたに注ぎ、ペーパータオルをかけます。冷暗所（暑い時期は冷蔵室）で1〜2時間、砂出ししてください。

魚介の選び方&保存&調理のコツ

※保存袋は冷凍用でチャック付きタイプを使い、できるだけ空気を抜いてから冷凍してください。

選び方のコツ　切り身・刺身

切り身も刺身も色ツヤがよく、トレイの底にある吸水シートに水分や血があまり出ていないものを選んで。購入したら吸水シートを取り出し、代わりに厚手のペーパータオルを敷きます。切り身は塩少々をふって水けをふき、トレイにのせてラップをぴっちりかけます。刺身は水けを拭き、厚手のペーパータオルで包んでトレイにのせて同様にラップをかけます。日持ちはチルド室で2日ほど。

冷凍保存のコツ ❶

ぴっちりラップで包む

手軽で人気の塩鮭。冷凍焼けをしないように余分な水けを拭き、1切れずつぴっちりラップで包み、保存袋で冷凍を。冷蔵室で解凍してフライパンやトースターで焼きます。塩さば、甘塩だらも同様に冷凍できます。

冷凍保存のコツ ❷

塩と油の効果でふっくら

ぶり2切れは余分な水けを拭き、1切れにつき、塩小さじ1/4と油大さじ1/2をからめ、1切れずつラップで包み、保存袋で冷凍を。冷蔵室で解凍してフライパンやトースターで焼きます。生鮭、生さば、かじきも同様に冷凍できます。

おいしい調理のコツ

塩ふりで刺身が絶品に!

まぐろ1さくをバットなどに置いてから塩を多めに全体に行き渡るようにふり、10分放置。塩の力で徐々に水分が出てきて余分な臭みが抜けます。出た水分を洗って水けをていねいに拭けば、もっちりの食感に! しょうゆ以外にも、厚めに切ってオリーブオイルやごま油をかけてもおいしい。

選び方のコツ　えび・いか・たこ・貝類

えびは殻にしっかりと身が詰まっているものを、いかは透明度が高く、目が澄んでいるものを選びましょう。ゆでたこは足の先まで丸まっていて弾力があるのがよく、かきは乳白色でぷっくりしているものがベスト。ほたては色ツヤがよく、汁が出ていないものが新鮮です。あさりは口がしっかり閉じているものがおすすめです。あさりは塩水につけて冷蔵室で2～3日、それ以外はチルド室で2日ほど持ちます。

冷凍保存のコツ ❶

下処理をしてから氷づけ冷凍

殻付きえびもむきえびも洗って背わたを取り、保存容器に入れ、全体がつかるくらいの水を注いで密閉して冷凍を。砂抜きしたあさりも同様の方法で冷凍できます。解凍は氷ごと水の中に漬けてもどします。

冷凍保存のコツ ❷

下処理をしてから冷凍

いかの胴は輪切り、足は2～3本ずつ切り分け、ラップで包み、保存袋で冷凍を。たこは食べやすく切り、ほたては水けをふいて小分けにし、同様に冷凍します。かきは下処理してバラ凍結してから保存袋で冷凍を。冷蔵室で解凍します。

おいしい調理のコツ

余熱で火を通せばプリプリ！

鍋に湯500mℓを沸かし、沸騰したら酒、塩各小さじ1を加えて火を止め、下処理したえびを加えてふたをして余熱で火を通します。むきえびは2～3分、殻付きえびは5分。殻付きはざるにあげて冷めてから殻をむきます。サラダやちらし寿司などにも使えて便利です。

column 2

レンチン野菜のつけ合わせ

**鍋に湯を沸かしてゆでるよりも、火を使わないレンチン野菜は手軽で超便利。
ちょっとした副菜になるうえ、主菜に添えるだけで栄養と見た目のバランスもよくなります。**

ブロッコリー

ブロッコリー1/2株を小房に分けて耐熱容器に入れ、水大さじ1をまわしかけて塩少々をふります。ふんわりとラップをかけ、電子レンジで2〜3分加熱します。

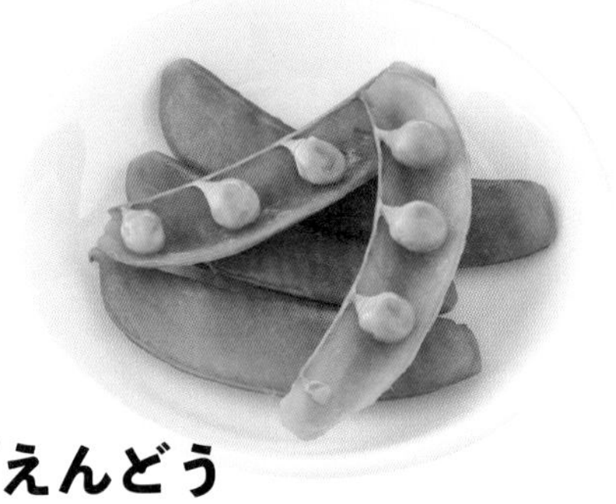

スナップえんどう

スナップえんどう15さやは筋とへたを取り、水にくぐらせて耐熱皿に重ならないように並べます。塩少々をふり、ふんわりとラップをかけ、電子レンジで2分加熱し、冷水に30秒さらして水けをきります。

アスパラガス

アスパラガス4本は根元を少し切り落とし、かたい皮をピーラーでむき、お好みの長さに切ります。さっと水にくぐらせて耐熱皿にのせ、電子レンジで2分加熱し、粗熱をとります。

オクラ

オクラ4〜5本はがくを除き、塩（分量外）をまぶして手でこすり、洗って水けをきります。互い違いになるように耐熱皿に並べ、ふんわりとラップをかけて電子レンジで30秒〜1分加熱し、冷水にとって冷ます。

じゃがいも

じゃがいも2個は皮をむいてひと口大に切り、さっと水にさらします。耐熱容器に入れて水大さじ2をふりかけ、ふんわりとラップをかけて電子レンジで5分加熱し、お好みでバター10gを混ぜます。

かぼちゃ

かぼちゃ1/6個は皮を少しむいて3㎝角に切ります。耐熱容器に入れて塩、砂糖各少々をまぶし、水大さじ1をふりかけ、ふんわりとラップをかけて電子レンジで5分加熱します。

PART
4

卵・大豆製品・チーズのおかず＆おつまみ

にら玉、チャンプルー、厚揚げの肉豆腐など
卵や大豆製品のおかずはさっと火が通るうえ、
チーズを使ったメニューはおつまみにもぴったりの味わいです。
どのレシピも肉や魚介のおかずでは味わえない魅力がいっぱい！
ふだんのレパートリーにぜひ、加えてみてください。

卵はよく混ぜないで

町中華の豚にら玉

フライパン1つ　15分以内

町中華のにら玉を目指すなら、卵がポイント。**卵は黄身と白身をよく混ぜず、軽〜く溶きほぐすだけにします。**この方がふんわりします。半熟状になったらいったん取り出し、豚肉とにらを炒めてから、あえるようにさっと炒め合わせるだけ。味つけはオイスターソース、酒、鶏ガラスープの素だけでOK。

■材料（2人分）

卵 …… 3個
豚バラ薄切り肉 …… 120g
にら …… 1把
塩、こしょう …… 各適量
片栗粉 …… 小さじ1
サラダ油 …… 大さじ1
ごま油 …… 大さじ½
A オイスターソース、酒 …… 各大さじ1
　鶏ガラスープの素 …… 小さじ1

■作り方

1. にらは4cm長さに切る。豚肉は4cm幅に切り、塩、こしょうをふって片栗粉をまぶす。ボウルに卵、水大さじ1（分量外）を入れて白身を持ち上げて切るようにして軽く溶きほぐす。**A**は混ぜ合わせておく。
2. フライパンにサラダ油を中火で熱し、1の溶き卵を流し入れ、ヘラで大きくかき混ぜ、半熟状になったら一度取り出す。
3. 2のフライパンにごま油を中火で熱し、1の豚肉を炒める。肉の色が変わったら、にらの茎を30秒炒めてから残りの葉を加えて10秒ほどさっと炒める。
4. 3のフライパンの中央をあけ、混ぜ合わせた**A**を加えて炒めて合わせ、2の卵を加えてさっとあえるように炒める。

Point

大きくかき混ぜて半熟状に

軽く溶きほぐした卵は半熟状に仕上げます。このとき、大きくかき混ぜて空気を含ませるイメージで火を通すのがコツ。

ふわとろで感動のうまさ!

私の母は茶碗蒸しが得意で、小さい頃はまるで汁かけごはんのようにして食べるのが大好きでした。今では蒸し器がなくても作れます。**電子レンジのワット数を変えて2回に分けて加熱すると、フルフルの口当たりに。**たらこからうまみが出るのでだし汁いらずです。

えのきたけからもおいしいだしが出る

レンジビッグ茶碗蒸し

レンチン　作っておける

■材料（800mℓ容量の耐熱容器1個分）

卵 …… 3個
鶏もも肉 …… 小½枚（100g）
えのきたけ …… 1パック（100g）
甘塩たらこ（皮から身をこそげ出す）
　…… 小1腹（40g）
A 塩 …… 少々
　酒 …… 小さじ2
B 水 …… 1と½カップ（300mℓ）
　塩 …… 小さじ½
　みりん、しょうゆ …… 各小さじ1

■作り方

1. 鶏肉は小さく切り、**A**をからめる。えのきたけは根元を切り落とし、長さを4等分に切る。
2. 耐熱容器にえのきたけ、鶏肉の順に入れ、ふんわりとラップをかけて600Wの電子レンジで2分加熱し、軽く混ぜる。
3. ボウルに卵を溶きほぐし、こし器かざるでこす。**B**を加えてよく混ぜ、たらこも混ぜる。
4. [2]に[3]の卵液を注ぎ入れる。ふんわりとラップをかけて300Wの電子レンジで12～13分加熱する。お好みでさっとゆでたきぬさやを飾る。

ただの卵焼きも大好きですが、もう少しボリュームがほしいとき、よく作るのがコレ！ **ちょっぴり余っているキャベツをムダなく使えるし**、お肉が入っていなくても満足感のある食べごたえです。

Point

キャベツは炒めて甘みを出す

キャベツは先に炒めて甘みを引き出してから溶き卵と合わせて焼きます。こうすると火の通り具合もちょうどよくなります。

小腹がすいたときにもおすすめ

お好み焼き風卵焼き

フライパン1つ　15分以内

■材料（2人分）

卵 …… 3個
キャベツ …… 2枚（100g）
桜えび（乾燥） …… 5g
紅しょうが（粗みじん切り） …… 30g
A
- 顆粒和風だしの素 …… 小さじ½
- 薄力粉 …… 小さじ1
- マヨネーズ …… 大さじ1
- 塩、こしょう …… 各適量

サラダ油 …… 小さじ4
お好み焼きソース、マヨネーズ、青のり粉 …… 各適量

■作り方

1. ボウルに卵を溶きほぐし、**A**を加えて混ぜ、桜えび、紅しょうがも加えて混ぜる。
2. キャベツは粗みじん切りにする。直径20cmのフライパンにサラダ油小さじ1を中火で熱し、キャベツを炒める。しんなりしてきたら取り出して、[1]に加えて混ぜる。
3. [2]のフライパンに残りのサラダ油を中火で熱し、[2]を丸く流し入れる。箸でかき混ぜて半熟状になったら、ふたをして弱火で6分ほど蒸し焼きにし、一度火を止める。
4. フライパンよりひとまわり小さい皿などにスライドさせ、裏返してフライパンに戻し入れる。弱めの中火でふたをして3分ほど焼く。器に盛り、お好み焼きソース、マヨネーズ、青のり粉をかける。

まるで旅先のお店で食べるような味わい！ ちょっとしたコツを守るだけでOKです。豆腐は手でちぎった後、ペーパータオルにのせて水けをきり、薄力粉をふって水分をとばしながら焼きます。**表面が少しカリッとするまで焼きつけるのです。**

人気食堂の味を再現！

冷蔵庫にある食材で作れる

豆腐チャンプルー

フライパン1つ　15分以内

■材料（2人分）

木綿豆腐 …… 1丁（350g）
ピーマン …… 3個
ウインナー …… 4本
サラダ油 …… 大さじ1
薄力粉 …… 大さじ1
A 顆粒和風だしの素 …… 小さじ½
しょうゆ …… 大さじ½
ごま油 …… 小さじ1
塩、こしょう …… 各適量
かつお節 …… 小1パック

■作り方

1 豆腐は手で大きめのひと口大にちぎり、ペーパータオルに断面を下に向けてのせ、5分おく。水けをおさえ、薄力粉をまぶす。ピーマンは縦半分に切り、横1cm幅に切る。ウインナーは斜め3～4等分に切る。

2 フライパンにサラダ油を中火で熱し、1の豆腐を入れ、水分をとばしながらカリッと焼き色がつくまで3～4分焼き、一度取り出す。

3 2のフライパンにウインナー、ピーマンを入れて1～2分炒め、油がまわったら、2を戻し入れ、**A**を加えて炒め合わせ、塩、こしょうで味をととのえる。器に盛り、かつお節をかける。

卵はフライパンで蒸し煮!

味つけ卵

■**材料**（作りやすい分量）

卵 …… 6個

A めんつゆ(3倍濃縮) …… 大さじ3
水 …… 大さじ2
オイスターソース …… 大さじ1
かつお節 …… 1パック

■**作り方**

1 冷蔵室から出したての卵をフライパンに入れ、水1カップ(200mℓ・分量外)を注ぐ。沸騰したら中火でふたをして5分蒸し煮にする。途中フライパンをゆするとよい。

2 火を止めてそのまま5分おく。すぐに冷水につけて殻をむく。

3 チャック付き保存袋に**A**を入れて混ぜ、2を加えて冷蔵庫で4時間以上漬ける。

●冷蔵3日

超かんたん! ひと口オードブル

うずら卵の生ハム包み

■**材料**（2人分）

うずら卵水煮 …… 6個
生ハム …… 3枚
オリーブオイル …… 適量

■**作り方**

1 うずら卵は水けを拭く。

2 生ハムは半分に切り、1に巻きつける。全部で6個作る。

3 器に2を盛り、オリーブオイルをまわしかける。

濃厚でクリーミーなアボカドとリッチな塩けが持ち味の生ハム。これを豆腐と合わせたら、もう止まらないおいしさにたどり着きました。**豆腐はレンジで水きりをしてからあえるのがコツです。**

ボウルごと抱えて食べたい

豆腐とアボカドの無限サラダ

レンチン　15分以内

■**材料**（2人分）

木綿豆腐 …… ½丁（170g）
アボカド …… 1個
生ハム …… 4〜5枚
酢 …… 大さじ½
A
しょうゆ …… 大さじ½
鶏ガラスープの素 …… ひとつまみ
砂糖、にんにく（すりおろし） …… 各少々
オリーブオイル …… 大さじ1

■**作り方**

1. 豆腐は塩少々（分量外）をまぶしてペーパータオルで包み、耐熱皿にのせて電子レンジで2分加熱する。ざるにのせて粗熱をとりながら水きりをし、スプーンでひと口大に切る。
2. アボカドは種と皮を取り除き、スプーンでひと口大に切り、酢をからめる。生ハムは食べやすい大きさに切る。
3. ボウルに**A**を入れて混ぜ合わせ、1、2を加えてさっくりあえる。

時間がないときのボリュームおかず

厚揚げのレンチン肉豆腐

レンチン　15分以内

わが家の肉豆腐は、豆腐ではなくて厚揚げ一択！**手でちぎって使うので豆腐よりも早く味がしみ込む**うえ、つるんとした口当たりが大好きです。レンチンで絶対においしくできるので、夫が作るときの時短レシピの1つです。食べるともれなくほっこりします。

Point

厚揚げは手でちぎる

厚揚げは包丁で切らず、手でちぎってレンジで加熱します。このほうが牛肉のうまみを吸うので、短時間で味がしみしみに。

■材料（2人分）

厚揚げ（絹ごしタイプ）…… 小2枚（240ｇ）
牛切り落とし肉 …… 120g
長ねぎ …… ⅓本
薄力粉 …… 小さじ1
A　酒 …… 大さじ1
　しょうゆ …… 大さじ2
　砂糖 …… 小さじ2
　顆粒和風だしの素 …… 小さじ½

■作り方

1. 厚揚げは余分な水けをペーパータオルでおさえ、手でひと口大にちぎる。牛肉に薄力粉をまぶす。長ねぎは斜め薄切りにする。
2. 耐熱皿に厚揚げ、長ねぎ、牛肉の順に入れ、肉はなるべく重ならないようにのせる。混ぜ合わせた**A**をまわしかける。
3. ふんわりとラップをかけて電子レンジで5分加熱する。取り出して混ぜ、2分加熱し、そのまま5分おく。

PART 4

卵・大豆製品・チーズ

メインおかずの仲間入り

厚揚げの照りマヨ焼き

■**材料**（2人分）

厚揚げ（絹ごしタイプ）…… 小2枚（240g）
薄力粉 …… 適量
サラダ油 …… 大さじ½
A | 焼き肉のたれ、水 …… 各大さじ1と½
　 | マヨネーズ …… 大さじ1

■**作り方**

1 厚揚げは余分な水けをペーパータオルでおさえ、2〜3cm角に切り、薄力粉を薄くまぶす。

2 フライパンにサラダ油を中火で熱し、1を入れて全体がカリッとするまで焼く。

3 余分な油があれば拭き取り、混ぜ合わせた**A**を加え、全体に煮からめる。器に盛り、お好みで小ねぎの小口切りをちらす。

カリッと香ばしい粋な逸品

油揚げとじゃこのみそチーズ焼き

■**材料**（2人分）

油揚げ …… 2枚
ちりめんじゃこ …… 10g
溶けるチーズ …… 40g
A | みそ、みりん …… 各小さじ1

■**作り方**

1 油揚げは余分な水けをペーパータオルでおさえ、長さを半分に切る。

2 混ぜ合わせた**A**を1に塗り、ちりめんじゃこ、チーズをのせる。

3 天板にアルミホイルを敷いて2をのせる。オーブントースターで4〜6分焼く。器に盛り、お好みで青じそのせん切りをのせる。

白ワインに合う最強のおつまみ

しいたけのカマンベールチーズ焼き

■**材料**(2〜3人分)

しいたけ …… 6個
カマンベールチーズ(個包装タイプ) …… 3個
スライスベーコン …… 1枚

■**作り方**

1. しいたけは軸を除く。
2. カマンベールチーズは横半分に切る。ベーコンは6等分に切る。
3. [1]のそれぞれにベーコン1切れ、カマンベールチーズ1切れの切り口を下にしてのせ、押し込む。全部で6個作る。オーブントースターで5〜6分焼く。お好みで青のり粉をかける。

余っている柿の種があったらぜひ!

たくあんと柿の種のチーズあえ

■**材料**(作りやすい分量)

クリームチーズ(個包装タイプ) …… 6個
たくあん(市販) …… 40g
柿の種 …… 小$\frac{1}{2}$袋(15g)

■**作り方**

1. クリームチーズは室温にもどす。ボウルに入れてなめらかになるまでヘラで混ぜる。
2. たくあんは5mm角に切る。柿の種は包丁の背で粗く砕く。
3. [1]に[2]を加えてあえる。

●冷蔵2〜3日

食材別さくいん

Profile

著者

倉橋利江（くらはし　としえ）

Toshie Kurahashi

レシピ作家・編集者

料理上手な母の影響で、小学生の頃から台所に立って料理を覚える。料理本編集者として出版社に勤務し、編集長として料理ムックの発行を多数手がけ、さらに大手出版社にて料理雑誌の編集に携わったのちフリー編集者に。独立後、これまでに80冊以上の料理書籍やムックを担当し、数々のヒット商品を送り出す。20 年以上の編集経験から、料理家と読者の間をつなぐ存在でありたいと思い、仕事で学んだプロのコツと独自のアイデアを組み合わせた「手に入りやすい食材で、作りやすく、恋しくなるレシピ」を考案している。著書に料理レシピ本大賞【料理部門】第６回・第８回入賞の『作りおき＆帰って10分おかず336』『野菜はスープとみそ汁でとればいい』ほか、『ずっと使える！ぜんぶおいしい！万能な副菜』『やせる！作りおき＆帰って10分おかず330』『作りおき＆朝7分お弁当312』『野菜の作りおき＆帰って10分おかず332』『冷凍でおいしくなる！かんたん作りおき　Premium』『かんたん！味つけの黄金比　ポン酢とマヨは1：１がいい』『レパートリーは少なくていい　簡単シンプル！やみつきレシピ』（いずれも新星出版社）などがある。NHK ラジオ『ごごカフェ』にも出演。

Staff

アートディレクション・デザイン
小椋由佳

撮影
松久幸太郎

スタイリング
宮澤由香

撮影調理協力
伊藤美枝子

調理アシスタント
岩本英子　深谷いづみ

イラスト
Michiko Design

DTP
宇田川由美子

校正
高柳涼子

企画・構成・編集
宮下舞子

構成・編集・文
倉橋利江

今すぐ作れる！ずっと使える！ 万能おかず

2024年 4 月 25 日　初版発行

著　者　倉　橋　利　江
発行者　富　永　靖　弘
印刷所　株式会社新藤慶昌堂

発行所　東京都台東区台東２丁目24　株式会社 新星出版社
〒110-0016　☎03（3831）0743

ISBN978-4-405-09453-6